이화유치원

교육과정 운영의 실제

만 3세 ❷ 나

이화유치원

교육과정 운영의 실제

만 3세

② 나

이화여자대학교 사범대학 부속이화유치원

(주)교 문 사

머리말

올해로 97년의 오랜 역사와 전통을 자랑하는 이화유치원은 우리나라에서뿐만 아니라 전 세계에서 탁월한 유아교육을 실행하는 유치원으로 높이 평가받고 있습니다. 이화유치원은 이에 긍지와 자부심, 책임감을 가지고 있으며, 무한한 가능성을 가진 유아들이 바르고, 착하고, 아름답게 자랄 수 있도록 최적의 교육환경과 교육과정을 제공하기 위해 항상 노력하고 있습니다. 더 나아가 미래사회를 책임질 유아들의 건강한 성장과 발달을 위해 끊임없이 새로운 프로그램을 개발하고, 유아교육의 질을 제고하기 위한 연구를 지속하여 유아교육 발전을 선도해 가고 있습니다.

유아의 성장 및 발달에 적합한 환경과 교육과정으로 질 높은 유아교육을 충실히 실행하는 것이 이화유치원의 중요한 사명 중 하나라면 또 다른 중요한 사명은 유아의 발달 및 유치원 교육과정, 교수방법, 교육환경 등에 관한 연구를 수행하고 그 결과를 출판하여 보급하는 것입니다. 이에 따라 이 책 『이화유치원 만 3, 4, 5세 교육과정 운영의 실제』는 이화유치원의 중요한 사명을 성공적으로 완수해 낸 결과물인 것입니다.

이화여자대학교 사범대학 부속이화유치원에서 1992년과 1995년 두 번에 걸쳐 『만 3, 4, 5세 어린이를 위한 유치원 교육과정 운영의 실제』를 출판한 지 어느덧 16년이 지났습니다. 2004년에 이화유치원 창립 90주년 기념행사를 성황리에 개최한 이후 새로운 『만 3, 4, 5세 유아를 위한 이화유치원 교육과정 운영의 실제』를 출판하기 위한 준비 및 집필 작업을 계속해 왔고 드디어 2011년에 출판하게 됨을 매우 기쁘게 생각합니다.

『이화유치원 만 3세 교육과정 운영의 실제』의 1학기 생활주제는 「즐거운 유치원」, 「나」, 「봄」, 「가족」, 「동물」, 「여름」이고, 2학기 생활주제는 「교통기관」, 「우리나라」, 「소비생활」, 「가을」, 「겨울」입니다. 기존 만 3세 교육과정 운영의 실제에서 제시한 생활주제 중 「즐거웠던 여름방학」을 「여름」으로 통합했고, 「가족」과 「소비생활」을 새로운 생활주제로 추가했습니다.

『이화유치원 만 3세 교육과정 운영의 실제』는 동일하게 3개의 장으로 구성되어 있습니다. 1장에서는 각 생활주제 선정의 의의와 교육 목표를 소개했습니다. 생활주제에서 다루어야 할 학습 내용을 2~5개의 주제로 구분하고, 주제별로 교육 목표와 내용을 설명했습니다. 2장에서는 교육환경에 대해 소개했습니다. 원내와 교실의 흥미 영역을 교육 내용에 적합하게 구성하는 방법을 설명했고, 사진을 실례로 소개했습니다. 3장에서는 생활주제에 적합한 교육활동을 주제별로 소개했습니다. 교육활동의 전개 방법에서는 유아들이 흥미를 가지고 능동적으로 참여하여 교육 내용을 이해하고 학습할 수 있도록 하기 위해 교사가 만 3세 유아들의 발달 수준, 지식, 경험 등에 적합한 교육적 대화를 어떻게 나누는지를 소개하는 데 중점을 두었습니다. 이 책에 수록된 교육활동을 현장에서 실시할 때 도움이 되도록 교사의 질문 및 언어적 상호작용을 구체적으로 자세하게 기술하였고, 내용을 쉽게 이해할 수 있도록 사진 및 삽화를 수록했습니다. 활동 시 참고할 사항을 Tip으로 제시했고 유의점에 주의해야 할 사항을 설명했습니다. 또한 확장활동 및 관련활동을 제시하여 교육활동들 간의 연계성을 강조했습니다. 부록에는 주간교육계획안과 일일교육계획안의 예시를 수록하여 실제 교육계획안 수립 시 참고할 수 있도록 했습니다.

이화유치원에서는 교육과정의 학습경험 설정 및 효과적 조직에서 요구되는 세 가지 준거—계속성(continuity), 계열성(sequence), 통합성(integraty)—를 갖추고자 지속적인 연구와 노력을 거듭하고 있습니다. 이 책에서는 만 3, 4, 5세 교육과정 간 계속성, 계열성, 통합성에 초점을 맞추어 연구 · 개발된 새로운 생활주제, 주제 및 교육활동들을 소개했습니다. 또한 본 유치원에서 지난 10여 년간 실행해 온 각종 연구들—기본생활습관교육, 소비자교육, 극놀이, 요리활동, 종일반 프로그램, 수학교육, 리더십교육, 언어교육, 동작교육, 문학교육, 전통문화예술교육—을 통해 새롭게 개발된 생활주제, 주제 및 교육활동들을 이 책에 소개했습니다. 기존 『만 3세 어린이를 위한 유치원 교육과정 운영의 실제』에 수록되었던 활동들의 경우, 최근 유아들의 발달적 특성, 요구, 흥미에 적합하게 또한 시대적 변화와 요구에 부응할 수 있도록 수정 · 보완해서 소개했습니다.

그동안 이 책이 출판될 수 있도록 도와주신 여러 분들께 머리 숙여 감사를 드립니다. 먼저

『이화유치원 만 3세 교육과정 운영의 실제』를 함께 집필해 주신 이화유치원 전 · 현직 교사들—오지영, 김혜전, 이지현, 임예지, 장현진—께 감사를 드립니다. 유아교육 발전을 위한 이화유치원의 사명을 완수하기 위해 지난 몇 년간 주말이나 공휴일은 물론이고 방학에도 쉬지 못하면서 이 책의 집필 과정에 참여해 주신 여러 분들의 헌신적 노력은 유아교육의 역사에서 오래 기억될 것입니다. 이 책의 집필 과정에서 여러모로 도움을 주신 이화유치원 전 · 현직 교사들—이정현, 차기주, 홍서연—께도 깊은 감사를 드립니다. 또한 이 책을 출판해 주신 (주)교문사 류제동 사장님, 정용섭 부장님을 비롯한 직원 여러 분들께도 진심으로 감사를 드립니다.

끝으로 이 책이 출판될 수 있도록 간접적으로 도와주신 분들께도 감사를 드립니다. 그동안 유아교육을 공부하는 학부생 및 대학원생, 유아교사, 유아교육학자, 유아교육 전문가 및 행정가, 심지어 학부모들께서도 이 책이 언제 출판되는지를 문의하고 출판을 서둘러 주기를 부탁하셨습니다. 『이화유치원 만 3, 4, 5세 교육과정 운영의 실제』를 하루빨리 출판해 달라는 많은 분들의 요청이 저희들에게 든든한 힘과 격려가 되어 주었기에 이 자리를 빌려 감사의 마음을 전하며, 여러분들께서 기대하신 만큼 큰 도움 받으시기를 바랍니다.

2011년 7월 25일

집필진 대표 홍용희

차 례

2. 나의 몸 41

3. 나의 마음 67

4. 소중한 나 79

〈부록〉 99

1장

생활주제 선정의 의의와 목표

1장 생활주제 선정의 의의와 목표

1. 생활주제 선정

'나' 생활주제는 유아들이 자신의 신체를 이해하고 긍정적인 자아 개념을 형성할 수 있도록 선정되었다. 유아들은 신체에 대한 많은 호기심과 신체를 움직이려는 욕구를 갖고 있다. 유아들이 자신의 몸을 탐색함으로써 신체에 대한 이해를 높이고, 신체를 활용한 다양한 활동을 경험함으로써 신체 기능을 향상시킬 수 있도록 생활주제를 전개한다.

유아들이 집단생활에 원만하게 적응하기 위해서는 자신에 대한 이해를 바탕으로 집단 안에서 다른 집단 구성원과 함께 존재하는 자신에 대해서 인식해야 한다. '나' 생활주제에서는 나의 이름과 더불어 유치원에서 자신을 상징하는 표시 그림에 대해 알고 이를 활용하며 집단생활에 적응할 수 있도록 한다. 또한 자신의 생각과 감정을 이해하고 이를 상황에 적절하게 표출하는 방법을 알도록 한다. 유아들이 자신을 소중하게 여기는 태도를 기르고 긍정적인 자아 개념을 갖는 데에 '나' 생활주제 선정의 의의를 둔다.

신체에 대한 호기심을 해결하고 자신의 감정과 생각을 적절히 조절하며 집단생활에 적응하는 교육은 학기 초부터 지속적으로 실시되어야 한다. 따라서 '나' 생활주제 교육 내용은 학기 초 가장 처음 실시하는 생활주제인 '즐거운 유치원'의 교육 내용과 병행하여 시기적으로 융통성 있게 실시한다.

2. 주제 및 목표 선정

'나' 생활주제는 '나의 이름과 표시 그림', '나의 몸', '나의 마음', '소중한 나'로 구성되었다.

생활주제	주 제
나	나의 이름과 표시 그림
	나의 몸
	나의 마음
	소중한 나

각 주제별 교육 목표 및 교육 내용은 다음과 같다.

주 제	분 류	목표 및 내용
1. 나의 이름과 표시 그림	교육 목표	• 사람마다 각자 이름이 있음을 안다. • 나와 친구들의 이름을 안다. • 유치원에서는 나를 나타내는 표시 그림이 있음을 안다. • 나와 친구의 표시 그림을 구분한다. • 나의 표시 그림을 친숙히 여긴다.
	교육 내용	'나의 이름과 표시 그림' 주제는 유아들이 유치원에서 학급 구성원으로서의 자신을 인식하는 방법으로 표시 그림을 알고 활용할 수 있도록 선정한 주제이다. 만 3세 유아들은 글자를 식별하기 어려운 경우가 많으므로 문자 언어인 이름 글자보다는 그림을 통해 자신을 표현하고 인식하도록 한다. 표시 그림을 사용함으로써 유아들이 자신을 상징하는 그림인 표시 그림의 의미를 알고 이를 친숙히 여기며 다른 학급 구성원의 표시 그림에도 관심을 가지도록 한다. '나의 이름과 표시 그림' 주제는 학기 초 '즐거운 유치원' 생활주제와 같은 시기에 실시하여 유아들이 표시 그림을 통해 나와 친구들을 같은 학급 구성원으로서 인식하고 학급에 안정적으로 적응할 수 있도록 한다.
2. 나의 몸	교육 목표	• 몸 각 부분의 역할을 안다. • 나의 몸은 시간이 지남에 따라 성장함을 안다. • 대근육과 소근육을 이용하여 나의 몸을 적절히 움직인다.
	교육 내용	'나의 몸' 주제에서는 유아들이 몸의 구조와 역할에 대해 관심을 갖고 시간이 지남에 따라 몸이 성장함을 알도록 한다. 이야기나누기, 과학, 수학 활동 등 다양한 유형의 활동에 참여하면서 몸의 각 부분을 직접 탐색하고 기능과 역할에 대해 알도록 한다. 또한 율동, 게임, 신체 활동 등을 통하여 대근육과 소근육을 적절한 방법으로 움직임으로써 신체 운동 기능을 조화롭게 발달시킬 수 있도록 한다.
3. 나의 마음	교육 목표	• 나는 여러 가지 감정이 있음을 안다. • 나의 감정을 표현하는 방법을 안다. • 나의 감정을 적절한 방법으로 표현하는 태도를 기른다.
	교육 내용	'나의 마음' 주제는 유아들이 자신의 감정을 알고 적절하게 표현할 수 있도록 선정한 주제이다. 유아들은 일상생활의 다양한 상황에서 여러 가지 감정을 경험하고 이를 표출한다. 특히 집단생활을 처음 시작하는 유아들은 다른 사람들과 함께 지낼 때 자신의 감정을 적절하게 표현하거나 조절해야 함을 학습할 필요가 있다. 따라서 '나의 마음' 주제에서는 유아들이 자신의 감정 상태를 잘 알고 적절한 방법으로 표현할 수 있도록 하는 다양한 자유선택활동 및 대 · 소집단활동을 실시한다.
4. 소중한 나	교육 목표	• 나는 소중하고 특별한 존재임을 안다. • 나를 소중하게 여긴다. • 나를 사랑하는 마음을 지닌다.
	교육 내용	'소중한 나' 주제는 유아들이 자신을 소중히 생각하고 긍정적으로 여기는 태도를 가지도록 선정한 주제이다. 유아들이 자아 존중감을 갖고 자신을 사랑하는 마음과 나아가 타인을 사랑하는 마음도 가질 수 있도록 교육 내용을 구성한다. 또한 자신을 위험으로부터 보호하는 방법을 알고 생활 속에서 실천할 수 있도록 하는 교육 내용도 포함한다. 안전에 관한 교육 내용은 유아들이 안전한 생활 습관을 형성할 수 있도록 '나' 생활주제뿐만 아니라 연중 지속적으로 반복하여 실시한다.

2장

환경 구성

2장 환경 구성

1. 실내 환경 : 현관, 복도

1) 게시판

'나' 생활주제는 '즐거운 유치원' 생활주제와 병행하여 실시하므로 '즐거운 유치원' 생활주제와 같은 게시판 배경을 사용하거나 시기상 봄철 자연의 모습으로 게시판을 꾸민다. 생활주제를 전개하면서 유아들이 그린 나와 친구 그림을 추가하여 게시판을 완성해간다. 부모회 총회나 1차 부모 · 교사 개인면담 등 당월에 이루어지는 행사나 교육활동을 게시하고 급 · 간식 식재료의 원산지를 매일 게시한다.

4월 유치원 현관게시판

2) 복도 벽면

각 학급에서 그린 '나의 얼굴' 작품과 유아들의 사진을 함께 전시한다. 만 3세 유아들은 여러 가지 재료를 붙여 얼굴을 표현한 얼굴 콜라주 작품을 전시한다.

나의 얼굴

식빵 얼굴 콜라주 벽면

3) 복도 영역

유아들이 신체를 탐색하며 놀이할 수 있도록 복도 영역을 구성한다. 유아들이 복도 영역에 전시된 옷과 모자, 머리띠, 신발 등 다양한 의상과 소품을 직접 착용하며 놀이함으로써 자신의 신체를 탐색하고 이를 바탕으로 상상놀이를 할 수 있도록 한다. 유아들이 자신의 모습을 안전하게 탐색할 수 있도록 벽면에 안전거울을 부착한다.

복도 영역 전경

2. 실내 환경 : 교실

• 생활주제 : 나

• ○○○반 흥미 영역 배치도　　　　○○○○학년도 ○월 ○주 ~ ○월 ○주

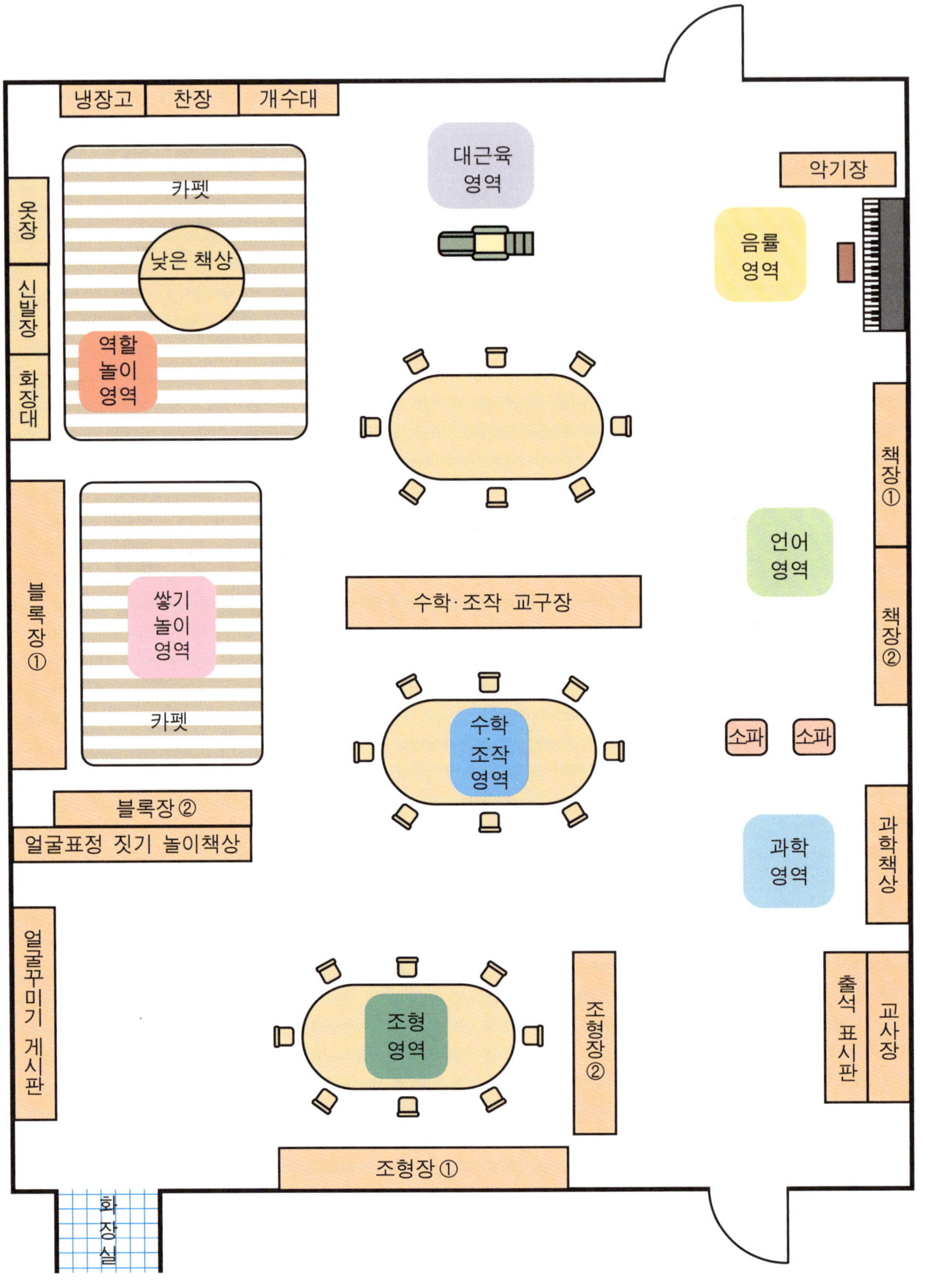

1) 교실 벽면

(1) 출석 표시판

'나' 생활주제는 '즐거운 유치원' 생활주제와 병행하여 실시하므로 같은 출석 표시판을 사용한다. 유아들이 유치원에 적응하는 3월~5월까지는 기본적인 환경 구성을 유지하도록 한다.

출석 표시판

결석 표시판

(2) 벽면 전시

교실 벽면에는 신체 각 부분(눈, 코, 입, 귀, 손, 발 등)의 사진과 각 부분이 하는 일에 대한 그림, 사람의 성장단계(신생아기 → 유아기 → 아동기 → 청소년기 → 장년기 → 노년기)를 나타내는 그림 또는 사진, 유아가 스스로 할 수 있는 일(예: 세수하기, 양치하기, 옷 입기, 줄 서기, 밥 먹기 등) 등의 그림 또는 사진을 게시한다.

2) 흥미 영역

(1) 언어 영역

① 읽기 영역

신체 각 부분의 명칭과 기능에 대한 내용의 과학 정보 그림책, 안전하고 청결한 생활과 관련된 그림책, 긍정적 자아개념 발달과 자존감을 장려하는 내용의 그림책을 제시한다. 또한 유아들이 만든 '식빵 얼굴 콜라주' 작품 사진을 책으로 만들어 제시한다.

읽기 영역 전경

② 듣기 영역

'친구와 친구의 목소리 짝짓기' 활동을 할 수 있도록 유아들의 사진과 자기 표시 그림이 있는 책, 유아의 목소리를 녹음한 자료, 카세트테이프 플레이어를 제시한다. 카세트테이프 플레이어의 사용 방법을 그림으로 그려 제시한다.

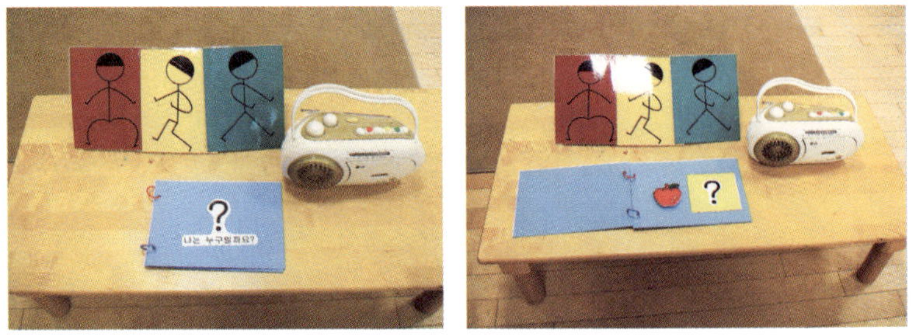

듣기 영역 전경

(2) 쌓기 놀이 영역

'즐거운 유치원' 생활주제에서 제시한 기본 환경 구성에서 자동차 놀이를 확장하여 할 수 있도록 자동차 모형을 교체하거나 추가한다. 또한 사람 모형을 추가하여 놀이 소품으로 활용하도록 한다. 벽면에는 유아들이 독창적으로 만든 구성물, 친구들과 함께 블록을 활용하여 놀이하는 모습 등의 사진을 게시한다.

쌓기 놀이 영역 전경

(3) 역할 놀이 영역

유아들이 손님을 초대하는 놀이를 할 수 있도록 음식 모형, 요리 도구(예: 냄비, 그릇, 쟁반 등)를 제시한다. 또한 생일 축하 놀이를 할 수 있도록 모형 생일 케이크, 모형 생일 초, 생일 축하용 고깔모자 등을 준비한다. 이외에 각종 의상 및 액세서리류(예: 귀걸이, 목걸이, 반지 등), 가방, 신발, 안전 거울을 제시하여 유아들이 자신의 모습을 꾸밀 수 있도록 한다.

역할 놀이 영역 전경

(4) 수학 · 조작 영역

신체 각 부분의 명칭과 기능, 유아가 스스로 할 수 있는 일(예: 세수하기, 양치하기, 옷 입기, 줄 서기, 밥 먹기 등)과 관련되는 내용의 그림 맞추기, 패턴 맞추기, 도미노 게임 등의 조작 교구를 제시한다. 또한 기본적인 도형 변별력을 형성하는 데 도움을 주는 조작 교구, 조각 수가 적은 그림 맞추기 등을 첨가한다.

(5) 과학 영역

유아들이 신체 각 부분의 기능을 알고 이를 활용하여 탐구할 수 있도록 다양한 자료를 준비한다. 예를 들어 유아들이 다양한 냄새를 맡아볼 수 있도록 냄새가 독특하여 쉽게 구별할 수 있는 재료들(예: 참기름, 초콜릿, 식초, 오이, 안티프라민 등)을 불투명한 용기에 제시한다. 유아들이 냄새를 맡고 같은 재료들끼리 짝 지어 볼 수 있도록, 한 재료를 두 개의 그릇에 담아 준비한다.

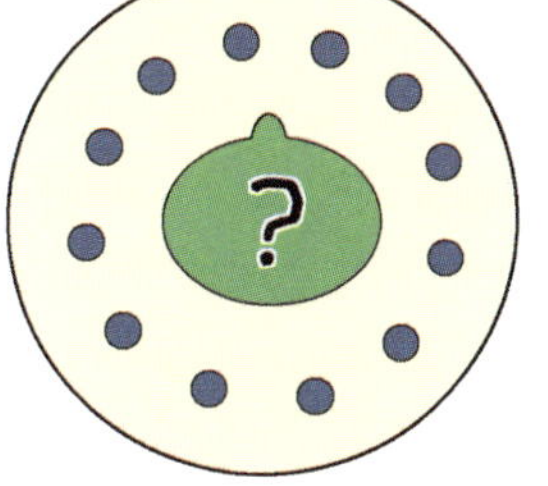

냄새 맡기용 용기 덮개의 예

냄새 맡기 활동자료

(6) 조형 영역

유아들이 유치원 생활에 적응하는 시기이므로 아래와 같은 기본적인 재료와 도구를 준비한다. 또한 특정 조형활동에 사용했던 재료들을 조형장에 제시하여 유아들이 자유롭게 사용할 수 있도록 한다.

- 그리기 도구: 연필, 매직, 사인펜, 네임펜, 크레파스, 색연필 등
- 여러 가지 종류의 종이: 색종이, 색도화지 등
- 재활용품: 페트병, 요구르트병, 종이상자 등
- 기타: 안전가위, 풀, 셀로판테이프 등

조형 영역 전경

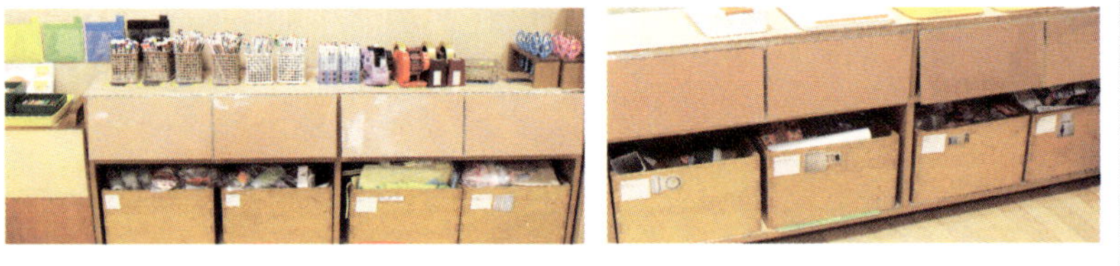

조형 영역장

(7) 음률 영역

음률 영역에 다양한 리듬 악기를 제시한다. 유아들이 친구들과 함께 악기 연주에 참여할 수 있도록 다양한 종류의 악기를 준비하며, 같은 종류의 악기를 2개 이상씩 제시한다.

음률 영역 교구장

(8) 대근육 영역

원기둥 모양의 대근육 기구와 기구 받침대를 준비하여 유아들이 몸의 균형을 잡고 원기둥을 건너갈 수 있도록 한다. 안전사고를 방지하기 위하여 기구 아래의 바닥에 카펫이나 매트를 깔아 기구 받침대가 움직이지 않도록 하고, 유아들이 기구를 넘다 넘어져도 충격이 흡수되도록 한다.

원통 넘어가기

(9) 기타 영역

① 수학 · 조작 영역 – 얼굴 꾸미기

유아들이 다양한 얼굴 모습을 구성하도록 '얼굴 꾸미기' 판을 준비한다. 비어 있는 얼굴 형태 그림자료 위에 여러 가지 얼굴 부분 그림자료(머리카락, 눈, 코, 입, 귀, 눈썹 등)를 자유롭게 붙여 다양한 얼굴 모습을 구성한다.

'얼굴 꾸미기' 판을 만드는 방법은 아래와 같다.

- 철판(약 가로 80cm×세로 60cm)을 준비한다.
- 얼굴 형태 그림자료를 만들어 철판에 붙인다.
- 다양한 형태의 머리카락, 눈썹, 눈, 코, 입, 귀, 수염을 만들어 뒷면에 자석을 붙인다.
- 철판에 얼굴 각 부분의 공간을 구분하여 표시하고, 해당 그림자료를 붙인다.

얼굴 꾸미기

② 과학 영역 – 얼굴 표정 짓기

유아들이 다양한 얼굴 표정을 짓고 탐색할 수 있도록 벽면에 거울을 부착한다. 여러 가지 표정(예: 함박웃음 짓는 모습, 미소 짓는 모습, 우는 모습, 화내는 모습, 놀라는 모습, 심술 난 모습, 하품하는 모습 등)의 그림 또는 사진을 제시하여 유아들이 얼굴 표정을 짓는 데에 참고하도록 한다. 그림 자료로 꾸러기 깐돌이 시리즈 '웃는 얼굴 예쁜 얼굴'(오토모 야스오미 지음. 사치코 그림. 지경사)의 그림을 활용할 수 있다. 활동을 진행하면서 유아들이 지은 다양한 얼굴 표정 사진을 출력하여 벽면에 게시한다.

얼굴 표정 짓기

3장

활 동

1. 나의 이름과 표시 그림
2. 나의 몸
3. 나의 마음
4. 소중한 나

★ 주제별 활동 목록

		나의 이름과 표시 그림	나의 몸	나의 마음	소중한 나
자유 선택 활동	쌓기 놀이 영역			자동차 놀이	블록으로 내가 좋아하는 것 만들기
	역할 놀이 영역	손님 초대하기		생일 축하 놀이	나 예쁘게 · 멋지게 꾸미기
	언어 영역	카세트테이프 플레이어 사용방법 소개 친구와 친구의 목소리 짝 짓기		식빵 얼굴 콜라주 책	
	수학 · 조작 영역	표시 그림 붙이기		얼굴 꾸미기 얼굴 표정 그림 조각 맞추기	
	과학 영역		냄새 맡기 촉감집 구경하기	표정 짓기	
	조형 영역	나의 표시 그림 꾸미기	빨대 자르기 손바닥 찍기	얼굴 표정 종이판화	다양한 재료로 옷 꾸미기
	음률 영역		악기 소리 맞추어 손뼉 치기		
	대근육 영역				원통 넘어가기
	실외 영역		발자국 찍기		모래놀이
대소 집단 활동	이야기나누기	나의 이름 소개하기 ○○○ 반 친구들 I ○○○ 반 친구들 II 나의 표시 그림	나의 몸 이 닦기	즐거운 일, 속상한 일	내가 좋아하는 것 실종 예방 교육
	동화 · 동극 · 동시				낯선 사람 따라가지 않기 (동화)
	노래 · 음악감상 · 악기연주		한 몸(노래) 리듬악기 연주에 맞추어 노래 부르기(악기연주) 졸려 졸려(노래)		내 얼굴(노래) 할 수 있죠(노래)
	율동	○○○ 어디 있소?			나를 따라 해 봐요
	신체	나의 표시 그림 붙이기(게임) 친구의 표시 그림 표시 그림 자리 바꾸기(게임)	소리 듣고 악기 맞추기(게임) 신체 마주 대기(체육) 손바닥 · 발바닥 붙이기(체육)		
	수학	표시 그림 순서 바꾸기	키 · 몸무게 재기		
	과학			나의 얼굴 관찰하기 식빵 얼굴 콜라주	
	사회		화장실 사용		혼자서 겉옷 입기 혼자서 옷 입기

※ 본 교재에 수록된 활동은 만 3세 '나' 생활주제에서 실시하고 있는 교육 활동 중 일부만 소개된 것입니다.

1. 나의 이름과 표시 그림

활동 1

나의 이름 소개하기

집단형태

소집단활동(약 5명)

활동유형

이야기나누기

활동대형

원대형

활동목표

- 이름의 뜻을 안다.
- 나와 친구들의 이름을 안다.

활동방법

○ 이름의 뜻에 대해 이야기한다.

- 다른 사람들이 나를 부를 때 무엇이라고 부르나요?
  - ○○○
- ○○○, □□□ 처럼 누구를 부르는 말을 무엇이라고 하나요?
  - 이름
- '이름' 은 다른 사람이 나를 부르는 말이에요.
- 우리 모두에게는 이름이 있어요.
- 우리가 다른 사람을 부를 때 그 사람의 이름을 말해요.

○ 나의 이름 및 다른 사람의 이름을 불러 본다.

- 나의 이름은 무엇인가요?
- 선생님의 이름은 무엇인가요? 다 같이 선생님의 이름을 불러 주세요.
- ○○○반 어린이들 중 이름을 알고 있는 친구가 있나요? 어떤 친구의 이름을 알고 있나요? 그 친구의 이름을 불러 봅시다.

○ 교사가 노래를 불러 준다.

- 친구들에게 나의 이름을 소개하는 노래가 있어요. 잘 들어 보세요.

○ 유아들에게 '그 이름' 다음에 부를 수 있는 노랫말의 몇 가지 예를 제시하고 각자 선택하게 한다.

- 내 이름을 들으면 어떤 생각이 드나요? 어떤 느낌인가요?
  - 아름답구나.
  - 멋지구나.
  - 예쁘구나.
  - 사랑스럽구나.
  - 씩씩하구나.
  - 소중하구나.

- ○○는 어떤 노랫말을 넣어 노래를 불러 보고 싶나요?
  - 멋지구나.

○ 유아가 노랫말을 선택하면 친구들이 다 같이 해당 노랫말을 넣어 노래를 불러 준다.

- 한 명씩 돌아가며 친구들에게 노래로 이름을 소개해 봅시다.
- 친구들이 이름이 무엇인지 물으면 대답해 주세요.
  - (○○을 가리키며) 당신은 누구십니까?
  - 나는 ○○○.
- 우리 다 같이 '그 이름 멋지구나.' 하고 노래를 불러 줍시다.
  - 그 이름 멋지구나.

○ 친구들의 이름을 부르며 활동을 전이한다. 교사가 먼저 유아 한 명의 이름을 부르면 해당하는 유아가 앞으로 나와 다른 유아의 이름을 불러 준다.

관련활동

- 이야기나누기 '○○○반 친구들 I' (20쪽 참고)
- 언어 영역 '친구와 친구의 목소리 짝짓기' (36쪽 참고)

악 보

당신은 누구십니까

외국곡

활동 2

○○○ 반 친구들 I

집단형태
대집단활동

활동유형
이야기나누기

활동자료
○○○ 반 명렬표

TIP 다른 활동을 실시하기 전 주의집중활동이나 전이활동으로 실시할 수도 있다.

활동목표

- ○○○반 어린이로서의 소속감을 갖는다.
- ○○○반 친구들의 이름을 안다.

활동방법

○ 교사가 각 유아의 이름을 부르며 ○○○반의 구성원을 확인한다.

- 선생님이 한 명씩 이름을 부르면 "네." 하고 대답하세요.
- 선생님이 지금 이름을 부른 사람들은 모두 어떤 반 어린이들일까요?
  - ○○○반 어린이이다.

○ 3명의 유아를 앞으로 나오게 해서 교사가 유아들의 특징(예: 옷차림, 머리모양 등)을 들려주면 누구인지 알아맞히도록 한다. TIP

- 선생님이 앞에 나온 3명 중 한 사람에 대한 수수께끼를 낼 거예요. 잘 듣고 누구인지 알아맞혀 보세요.
- 이 어린이는 여자 어린이예요. 머리를 하나로 묶었어요. 누구일까요?
  - ○○○
- ○○가 맞는지 살펴봅시다. ○○는 어떤 색깔의 윗옷(바지)을 입고 있나요? 머리 모양은 어떤가요?

○ 교사가 다른 유아의 특징에 대한 수수께끼를 내면 유아들이 누구인지 알아맞히도록 한다.

관련활동

- 이야기나누기 '나의 이름 소개하기' (18쪽 참고)
- 이야기나누기 '○○○반 친구들 II' (21쪽 참고)

활동 3 ○○○ 반 친구들 Ⅱ

활동목표

- ○○○반 어린이로서의 소속감을 갖는다.
- ○○○반 친구들의 이름을 안다.

활동방법

○ 원대형으로 모여 앉는다.

○ 교사가 분반 표시판에 붙은 각 유아의 이름을 부르며 모인 사람을 확인한다.

- ○○○ 왔나요?
- ◇◇◇ 왔나요?

○ 교사가 유아들의 특징(예: 옷차림, 머리모양 등)을 들려주면 누구인지 알아맞히도록 한다.

- 선생님이 지금 여기에 있는 사람 중 한 사람에 대한 수수께끼를 낼 거예요. 잘 듣고 누구인지 알아맞혀 보세요.
- 이 어린이는 줄무늬 옷을 입었어요. 회색 바지를 입었어요. 흰색 실내화를 신었어요. 누구일까요?
  - ○○○
- ○○가 맞는지 살펴봅시다.
- 이번에는 누구일지 알아맞혀 보세요.

○ 유아가 한 명씩 앞으로 나와 교사 옆에 서서 교사와 같은 방법으로 수수께끼를 낸다. TIP

- 이번에는 ○○○반 어린이들이 직접 친구들에 대한 수수께끼를 내어 봅시다. 수수께끼를 내 보고 싶은 사람은 손을 들어 보세요.

관련활동

- 이야기나누기 '나의 이름 소개하기' (18쪽 참고)
- 이야기나누기 '○○○반 친구들 Ⅰ' (20쪽 참고)

집단형태

중집단활동(약 10명)

활동유형

이야기나누기

활동자료

분반 표시판, 유아들의 표시 그림, 신호악기

활동대형

원대형

TIP 한 명씩 돌아가면서 수수께끼를 낼 수 있도록 한다.

활동 4

○○○ 어디 있소?

집단형태

중집단활동(약 10명)

활동유형

율동

활동자료

피아노, 악보

활동목표

- ○○○반 친구들의 이름을 안다.
- ○○○반 친구들의 이름을 익힌다.

활동방법

○ 친구들과 인사를 나누는 방법에 대해 이야기 나눈다.

- 아침에 친구를 만났을 때 어떻게 인사하나요?
  - "○○야, 안녕." 하고 인사한다.
  - 웃으면서 인사한다.
  - 손을 흔들면서 인사한다.
- 친구들과 헤어질 때에는 어떻게 인사하나요?
  - "○○야, 잘 가." 하고 인사한다.
  - 손을 흔들면서 인사한다.
  - "안녕. 잘 가.", "내일 또 만나."라고 말한다.

○ 활동을 소개한다.

- 오늘은 친구들과 서로 인사를 나누는 율동을 할 거예요. 이 율동은 동그랗게 모여 앉아서 하는 율동이에요.
- 어떤 노래에 맞추어 율동을 하는지 노래를 들려줄게요. 잘 들어 보세요.

○ 유아의 이름을 넣어 노래를 부른다.

○ 율동 방법을 소개한다.

- '유리 어디 있소. 호진 어디 있소'를 부르면 이름이 불린 사람이 자리에서 일어나세요.
- '여기 나와 있소. 여기 나와 있소'를 부를 때에는 앞으로 나와 마주 보고 서는 거예요.
- 유리가 호진이에게 '안녕하오 오늘' 하면서 노래를 부르며 인사하면 호진이도 유리에게 '재미있소 오늘' 하면서 노래 부르며 인사하는 거예요.
- 마지막은 선생님이 부르는 노랫말을 듣고 그대로 움직이며 자기 자리로 돌아가는 거예요. 선생님이 '걸어서 가오. 걸어서 가오.'라고 부르면 어떻게 가는 것일까요?

- 걸어서 제자리로 가 앉는다. TIP

○ 원대형으로 앉아 노래에 맞추어 율동을 한다.

- 누가 먼저 앞으로 나와 인사할지 노래를 잘 들어 보세요.
- 어떻게 움직여서 자리로 돌아가는지 끝까지 노래를 잘 들어 보세요.

관련활동

- 이야기나누기 '나의 이름 소개하기' (18쪽 참고)
- 이야기나누기 '○○○반 친구들 I' (20쪽 참고)

악 보

엄지 어디 있소

※ '엄지' 대신에 유아의 이름을 넣어 부른다.

TIP 유아들이 율동에 익숙해지면 마지막 동작을 유아들에게 물어본 후 원하는 노랫말을 넣어 노래를 불러 준다.
예) 기어가오, 날아가오, 뛰어가오 등

이름 불린 사람들이 원 가운데로 나오기

서로 인사하기

활동 5

나의 표시 그림

집단형태

중집단활동(약 10명)

활동유형

이야기나누기

활동자료

표시 그림, 학급 유아 사진, 표시 그림이 붙어 있는 개인장 사진, 게시판

유아의 표시 그림

표시 그림이 붙어 있는 개인장

활동목표

- 유치원에 나를 나타내는 표시 그림이 있음을 안다.
- 나와 친구의 표시 그림을 구분한다.

활동방법

○ 표시 그림이 붙어 있는 개인장 사진을 보며 이야기 나눈다.

- 장에 무엇이 붙어 있나요?
  - 내가 고른 그림 표시가 붙어 있다.
- ○○는 어떤 그림을 골라서 붙였나요?
- △△는 어떤 표시를 골라서 붙였나요?

○ 게시판에 유아들의 표시 그림과 얼굴 사진을 붙이며 각자 표시 그림에 대해 알아본다.

- 게시판에 ○○○반 어린이들의 표시 그림과 얼굴 사진이 있어요.
- 선생님이 표시 그림을 보여 주면 누구의 표시 그림인지 찾아 주세요.
- '사과' 그림은 누구의 표시 그림인가요?
- '사과' 그림 옆에 ○○○의 사진을 붙여 봅시다.
- '비행기' 그림은 누구의 표시 그림인가요?
- 선생님이 ○○○반 어린이들의 사진을 보여 주면 그 어린이의 표시 그림을 찾아 주세요.
- ◇◇◇의 표시 그림은 무엇일까요? ◇◇◇의 표시 그림을 찾아봅시다.

○ 표시 그림의 용도에 대해 이야기한다.

- 표시 그림은 언제 사용하는 것일까요?
  - 개인장에 붙어 있어서 누구의 장인지 알 수 있다.
  - 앞으로 선생님과 재미있는 활동을 할 때 누구와 함께 할지 알려주기 위해 쓴다.

○ 표시 그림을 보여준 유아들부터 순서대로 의자를 정리하게 한다.

- 선생님이 표시 그림을 보여 준 어린이부터 의자를 정리하세요.
- (3~4개의 그림 표시를 보여 주며) '비행기', '사과', '토끼'는 누구의 표시 그림인가요? 이 표시 그림인 어린이는 의자를 정리하세요.

관련활동

- 조형 영역 '나의 표시 그림 꾸미기' (24쪽 참고)
- 신체(게임) '나의 표시 그림 붙이기' (25쪽 참고)
- 신체(게임) '친구의 표시 그림' (28쪽 참고)
- 수학 · 조작 영역 '표시 그림 붙이기' (30쪽 참고)
- 신체(게임) '표시 그림 자리 바꾸기' (31쪽 참고)
- 수학 '표시 그림 순서 바꾸기' (33쪽 참고)

활동 6

나의 표시 그림 꾸미기

집단형태

자유선택활동

활동유형

조형 영역

활동자료

유아 개별 표시 그림 TIP, 스티커, 모양종이, 풀, 크레파스, 색연필

유아 개별 표시 그림과 확대한 그림의 예

TIP 16절지 크기의 종이에 유아 개별 표시 그림의 윤곽선을 그려 준비한다.

활동목표

- 유치원에 나를 나타내는 표시 그림이 있음을 안다.
- 나를 나타내는 표시 그림의 모양을 익힌다.
- 표시 그림을 아름답게 꾸미며 심미감을 기른다.

활동방법

○ 유아 각자 자신의 표시 그림을 찾는다.

- 유치원에는 나를 나타내는 그림이 있어요. 그 그림을 무엇이라고 부르나요?
  - '표시 그림' 이라 부른다.
- 표시 그림은 언제 사용하는 것일까요?
  - 아직 이름을 읽지 못하는 어린이들이 있기 때문에 이름과 함께 표시 그림을 사용한다.
- (준비된 표시 그림을 보여 주며) 이 중에서 내 표시 그림은 무엇인가요? 내 표시 그림을 찾아보세요.

○ 재료를 살펴본다.

- 어떤 재료가 있나요?
  - 스티커, 모양종이, 풀, 크레파스, 색연필이 있다.

○ 표시 그림 종이에 스티커, 모양종이 등을 붙이거나 크레파스, 색연필로 그림을 그려 꾸민다.

- 준비되어 있는 다양한 재료를 사용하여 내 표시 그림을 꾸며 봅시다.

○ 완성된 작품은 교실 벽면에 게시한다.

표시 그림 꾸미기

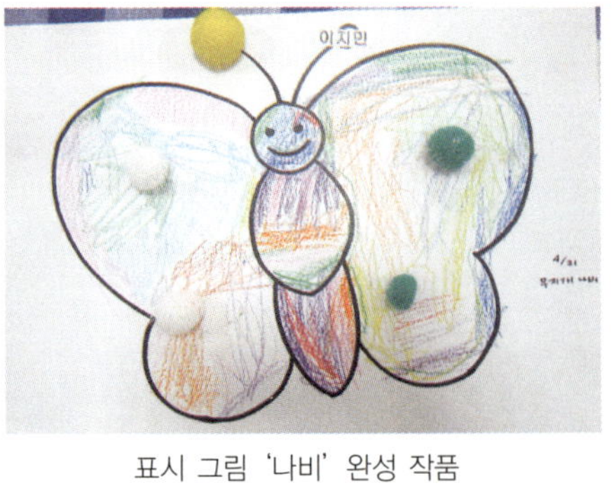

표시 그림 '나비' 완성 작품

활동 7 나의 표시 그림 붙이기

활동목표

- 유치원에 나를 나타내는 표시 그림이 있음을 안다.
- 나를 나타내는 표시 그림의 모양을 익힌다.
- 순발력을 기른다.

활동방법

○ 각 유아의 표시 그림을 소개하며 모인 사람을 확인한다.
- '사과' 표시 어린이 왔나요?
- '딸기' 표시 어린이 왔나요?

○ 확인한 표시 그림은 쟁반 위에 놓는다.
- 선생님이 지금 부른 표시 그림들을 쟁반 위에 올려놓을게요.

○ 게임방법을 소개한다.
- 쟁반 위에 담긴 표시 그림을 가지고 게임을 할 거예요.
- 어떻게 하는 게임인지 선생님의 이야기를 잘 들어 보세요.
  - 신호악기 소리를 듣고 출발해서 그림이 있는 쟁반까지 달려간다.
  - 본인의 표시 그림을 찾아서 게시판에 붙인다.
  - 선생님이 있는 곳까지 다시 돌아온다.

○ 유아 1명이 시범을 보인다.
- 누가 나와서 어떻게 하는 게임인지 보여 줄까요?

○ 교사의 양쪽에서 유아 2명씩 일어나서 게임을 한다.

○ 교사는 게임이 끝나면 각 유아가 자신의 표시 그림을 게시판에 잘 붙였는지 확인한다.
- ○○, △△의 표시 그림은 무엇인가요?
- ☆☆, ◇◇가 자기의 표시 그림을 찾아서 잘 붙였나요?

관련활동

- 이야기나누기 '나의 표시 그림' (22쪽 참고)
- 조형 영역 '나의 표시 그림 꾸미기' (24쪽 참고)

집단형태

중집단활동(약 10명)

활동유형

신체(게임)

활동자료

각 개별 유아의 표시 그림, 쟁반, 게시판, 쟁반을 올려놓은 블록

활동대형

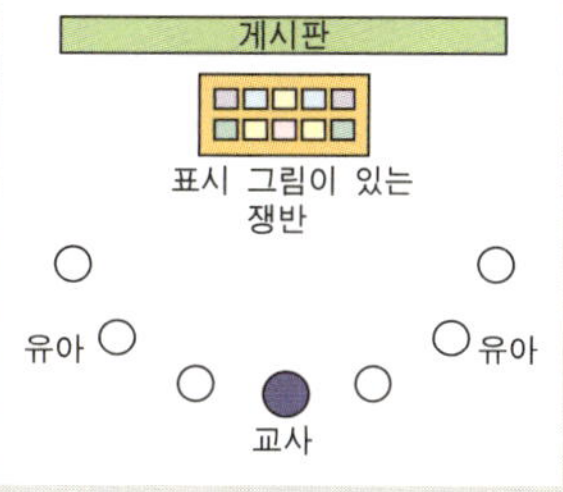

'나의 표시 그림 붙이기' 게임대형

나의 표시 그림 게시판에 붙이기

활 동

8 친구의 표시 그림

집단형태

중집단활동(약 10명)

활동유형

신체(게임)

활동자료

개별 유아의 사진과 표시 그림, 쟁반 2개, 낮은 책상, 게시판

활동목표

- 유치원에 나를 나타내는 표시 그림이 있음을 안다.
- 친구의 표시 그림에 관심을 갖는다.

활동방법

○ 표시 그림의 용도에 대해 회상하며 자신의 표시 그림을 소개한다.

- 아직 이름을 읽지 못하는 어린이들이 있기 때문에 유치원에서는 나의 이름과 함께 나를 나타내는 '표시 그림' 을 사용해요. 나의 표시 그림은 어떤 모양인가요?
- 오늘은 친구의 표시 그림을 찾아 주는 게임을 할 거예요.

○ 제시된 준비물을 살펴본다.

- 무엇이 있는지 살펴봅시다. 선생님 앞에 무엇이 놓여 있나요?
  - 책상, 쟁반, 게시판
- 책상 위에 쟁반 2개가 놓여 있어요. (유아 개별 사진이 담긴 쟁반을 보여 주며) 쟁반 안에 무엇이 담겨 있나요?
  - 사진이 있다.
- (표시 그림이 담긴 쟁반을 보여 주며) 이 쟁반 안에는 무엇이 담겨 있나요?
  - 표시 그림이 있다.

○ 게임방법을 소개한다.

- 어떻게 하는 게임인지 선생님의 이야기를 잘 들어 보세요.
- 선생님이 어떤 어린이의 사진을 보여줄 거예요.
- 의자에 앉아 있던 친구들 중 한 명이 나와 선생님이 보여준 사람의 표시 그림을 찾아 붙이는 거예요.

○ 유아 1명이 나와 시범을 보인다.

- 누가 나와서 어떻게 하는 것인지 보여 줄까요?

○ 친구의 표시 그림과 사진을 찾아 연결한다.

○ 친구의 표시 그림을 게시판에 잘 붙였는지 확인한다.

- ○○의 표시 그림을 잘 찾아서 붙여 주었나요?
- ○○의 표시 그림이 ◇◇모양인가요?

관련활동

- 이야기나누기 '○○○반 친구들 Ⅰ' (20쪽 참고)
- 이야기나누기 '나의 표시 그림' (22쪽 참고)
- 신체(게임) '나의 표시 그림 붙이기' (25쪽 참고)
- 수학 · 조작 영역 '표시 그림 붙이기' (30쪽 참고)

활동 9

표시 그림 붙이기

집단형태

자유선택활동

활동유형

수학 · 조작 영역

활동자료

유아 5명의 얼굴 사진과 표시 그림, 배경판

'표시 그림 붙이기' 활동자료

TIP 유아들이 '표시 그림'의 의미나 활용방법, 사용 이유 등에 대해 알 수 있도록 사전에 '나의 표시 그림' 이야기나누기 활동을 실시한 후 본 활동을 실시한다.

활동목표

- 유치원에 나를 나타내는 표시 그림이 있음을 안다.
- ○○○반 친구의 표시 그림을 익힌다.

활동방법

○ 배경판에 붙어 있는 유아 5명의 얼굴 사진과 표시 그림을 살펴본다. **TIP**

- 무엇이 있나요?
  - △△, ○○, ☆☆, ◇◇, ◎◎의 얼굴 사진이 있다.
  - 오리, 사과, 비행기 그림이 있다.
- 비행기 그림은 누구의 표시 그림일까요?
  - ○○의 표시 그림이다.

○ 각 유아 얼굴과 표시 그림을 찾아 연결한다.

- 친구들의 표시 그림을 찾아서 얼굴 옆에 붙여 주세요.
- 사과 그림은 누구의 표시 그림일까요?
- ◇◇의 표시 그림은 무엇일까요?

○ 놀이한 것을 정리한다.

유의점

- 학급 유아의 수를 고려하여 유아의 얼굴 사진과 표시 그림을 정기적으로 바꾸어 제시한다. 예를 들어 학급 유아의 수가 20명인 경우 한 교구에 5명씩 표시 그림을 제시하고 매주 교구를 교체한다.

관련활동

- 이야기나누기 '나의 표시 그림' (22쪽 참고)
- 신체(게임) '나의 표시 그림 붙이기' (25쪽 참고)
- 수학 '표시 그림 순서 바꾸기' (33쪽 참고)

활동 10 표시 그림 자리 바꾸기

활동목표

- 유치원에 나를 나타내는 표시 그림이 있음을 안다.
- 나와 친구의 표시 그림을 익힌다.
- 게임방법을 알고 규칙을 지키며 게임을 한다.

활동방법

○ 유아 표시 그림 목걸이를 보여 주며 활동방법을 소개한다.

- 선생님이 ○○○반 어린이들의 표시 그림 목걸이를 준비했어요.
- 선생님이 이야기하는 표시 그림 목걸이를 걸고 있는 사람끼리 자리를 바꾸는 게임을 할 거예요. 어떻게 하는 게임인지 잘 들어 보세요.
  - 노래를 부르다가 선생님이 호루라기를 불면 멈춘다.
  - 선생님이 말한 표시 그림 목걸이를 걸고 있는 유아끼리 서로 자리를 바꾼다.

○ 각자 자신의 표시 그림 목걸이를 나누어 갖는다.

- (사과 표시 그림 목걸이를 보여 주며) '사과' 표시 그림은 누구일까요?
  - ◇◇
- ◇◇는 앞에 나와 목걸이를 받아가세요.
- ◎◎의 표시 그림은 어떤 그림인가요?
  - 오리
- ◎◎는 앞에 나와서 목걸이를 받아가세요.

○ 연습 게임을 한다. 교사가 소융판에 2가지 표시 그림을 붙이며 말하면 해당 표시 그림 목걸이를 가지고 있는 유아들끼리 자리를 바꾸어 앉는다. 게임에 참여하는 모든 유아들이 한 번씩 연습해 볼 수 있도록 한다.

○ 게임을 한다. 처음에는 교사가 2가지 표시 그림을 사용하여 해당 표시 그림 목걸이를 가지고 있는 유아들끼리 자리를 바꾸어 앉도록 한다. 유아들이 활동방법에 익숙해지면 자리를 바꾸는 유아들의 수를 늘려 자리를 바꾸어 앉게 한다.

○ 게임에 사용한 자료를 정리한다.

유의점

- 유아들이 서로 자리를 바꿀 때 부딪쳐서 넘어지지 않도록 지도한다.

집단형태

중집단활동(10명)

활동유형

신체(게임)

활동자료

유아 표시 그림(교사용 TIP), 소융판, 유아 표시 그림 목걸이, 호루라기

활동대형

원대형

> TIP 게임에 참여하는 유아의 표시 그림 뒤에 벨크로테이프를 붙여 준비한다.

관련활동

- 이야기나누기 '나의 표시 그림' (22쪽 참고)
- 이야기나누기 '○○○반 친구들 II' (21쪽 참고)
- 수학 · 조작 영역 '표시 그림 붙이기' (30쪽 참고)
- 수학 '표시 그림 순서 바꾸기' (33쪽 참고)

활동 11 표시 그림 순서 바꾸기

활동목표

- 유치원에 나를 나타내는 표시 그림이 있음을 안다.
- 표시 그림의 순서를 기억한다.

활동방법

○ 수수께끼를 내며 유아들의 표시 그림 3개를 소개한다. TIP 1

- 나는 물에 사는 동물이에요. '꽥꽥' 소리 내며 뒤뚱뒤뚱 걸어요. 나는 누구일까요?
  - 오리
- 표시 그림이 오리인 어린이는 누구일까요? ('오리' 표시 그림을 붙이며) ○○의 표시 그림이지요.
- 나는 하늘을 날아갈 수 있어요. 사람들이 나를 타고 멀리 멀리 여행을 가지요. 나는 누구일까요?
  - 비행기
- 표시 그림이 비행기인 어린이는 누구일까요? ('비행기' 표시 그림을 '오리' 표시 그림 옆에 붙이며) △△의 표시 그림이에요.

○ 표시 그림의 자리를 바꾼다.

- 표시 그림의 순서를 잘 기억하세요. 오리, 비행기, 사과(하나씩 손으로 가리키며 순서를 알려준다.) 순서대로 붙어 있어요.
- 이제 어린이들이 눈을 감고 다섯을 세는 동안 선생님이 이 표시 그림의 자리를 바꿀 거예요. 잘 기억해서 원래 자리대로 표시 그림을 바꾸어 주세요.
- (유아들이 눈을 감고 다섯을 세는 동안 자리를 바꾼다.) 이제 눈을 뜨세요. 앞에 나와서 원래 자리대로 바꾸어 줄 어린이는 손을 들어 보세요.
- ◇◇가 앞에 나와서 원래 자리대로 바꾸어 보세요.

○ 위와 같은 방법으로 다른 어린이들의 표시 그림의 자리를 바꾼다. TIP 2

관련활동

- 이야기나누기 '나의 표시 그림' (22쪽 참고)
- 신체(게임) '표시 그림 자리 바꾸기' (31쪽 참고)

집단형태
대집단활동

활동유형
수학

활동자료
게시판, 표시 그림

TIP 1 학급 유아들의 발달수준을 고려하여 자리를 바꿀 표시 그림의 개수를 정한다. 일반적으로 3~4개의 표시 그림을 이용하는 것이 적절하며 1회에 2개의 표시 그림끼리 자리를 맞바꾼다.

TIP 2 모든 유아들의 표시 그림으로 활동할 수 있도록 주의집중이나 전이 시간을 활용하여 여러 번 활동을 진행한다.

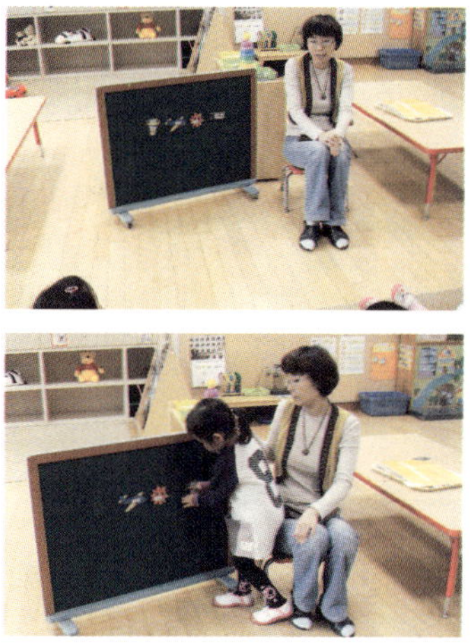

나의 표시 그림 순서 바꾸기

활동 12

카세트테이프 플레이어 사용방법 소개

집단형태

자유선택활동 · 중집단활동 (약 10명)

활동유형

언어 영역 · 이야기나누기

활동자료

카세트테이프 플레이어, 색깔 스티커(초록색, 빨간색, 노란색), 카세트테이프 플레이어 사용방법 그림자료

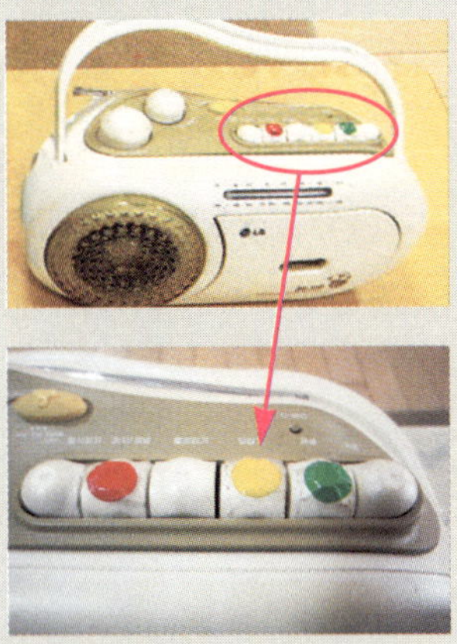

색깔 스티커를 붙인
카세트테이프 플레이어

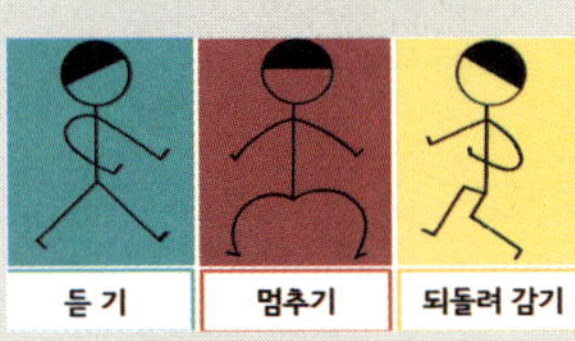

카세트테이프 플레이어
사용방법 그림자료

활동목표

- 카세트테이프 플레이어의 올바른 사용방법을 안다.

활동방법

○ 언어 영역에 반원 대형으로 모여 앉는다.

○ 카세트테이프 플레이어를 소개한다.

- (카세트테이프 플레이어를 가리키며) 이것은 무엇일까요? 이것은 무엇을 할 때 사용하는 물건일까요?
- 테이프에 녹음된 이야기나 노래를 들을 때 사용하는 기계예요.

○ 카세트테이프 플레이어 사용방법을 소개한다.

- 어떻게 사용하는 것일까요?
- 초록색 스티커가 붙어 있는 단추를 누르면 테이프에 녹음된 내용을 들을 수 있어요.
- 이야기를 듣다가 멈추고 싶을 때에는 빨간색 스티커가 붙어 있는 단추를 누르세요.
- 노란색 스티커를 누르면 들었던 내용을 다시 들을 수 있게 테이프를 뒤로 돌리는 거예요.

○ 카세트테이프 플레이어 사용방법 그림자료를 소개한다.

- 사용하는 방법을 잊어버렸을 때에는 카세트테이프 플레이어 옆에 있는 그림을 보세요.
- 빨간색 네모에는 어떤 그림이 그려져 있나요?
  - 멈춰 서 있는 사람이 있다.
- 빨간색 스티커가 붙어 있는 단추를 누르면 테이프가 멈춰요.
- 초록색 네모에는 어떤 그림이 그려져 있나요?
  - 걸어서 움직이는 사람이 있다.
- 초록색 스티커가 붙어 있는 단추를 누르면 테이프에 녹음된 내용을 들을 수 있어요.
- 노란색 네모에는 어떤 그림이 그려져 있나요?
  - 뒤로 뛰어가는 사람이 있다.
- 노란색 스티커가 붙어 있는 단추를 누른 뒤 빨간색 스티커가 붙어 있는 단추를

누르고 초록색 스티커가 붙어 있는 단추를 누르면 앞에 있는 내용을 다시 들을 수 있어요.

○ 카세트테이프 플레이어를 사용할 때 주의할 점에 대해 이야기한다.

- 카세트테이프 플레이어를 사용할 때에는 어떤 점을 주의해야 할까요?
  - 카세트테이프 플레이어에 있는 단추를 알맞은 세기로 누른다.
  - 다른 놀이를 하는 유아들에게 방해되지 않도록 소리를 너무 크게 하지 않는다.

○ 카세트테이프 플레이어를 사용하여 테이프에 녹음된 내용을 듣는다.

관련활동

- 언어 영역 '친구와 친구의 목소리 짝짓기' (36쪽 참고)

활동 13

친구와 친구의 목소리 짝짓기

집단형태

자유선택활동 · 소집단활동 (약 5명)

활동유형

언어 영역 · 이야기나누기

활동자료

유아 3명의 목소리를 녹음한 테이프 TIP 1, 카세트테이프 플레이어, 해당 유아의 사진 TIP 2

'친구와 친구의 목소리 짝짓기' 그림카드 예

TIP 1 한 테이프에 함께 녹음된 유아의 목소리를 구별할 수 있도록 각 녹음된 목소리 사이에 종소리와 같이 신호가 될 수 있는 소리를 삽입한다.

TIP 2 학급 유아의 수를 고려하여 정기적으로 교구를 바꾸어 제시한다. 예를 들어, 학급 유아의 수가 20명인 경우 한 주에 3~4명씩 목소리를 녹음하여 매주 녹음테이프와 그림카드를 바꾸어 준다.

활동목표

- ○○○반의 구성원에 관심을 갖는다.
- ○○○반 친구의 이름을 익힌다.

활동방법

○ 방안놀이 시간 중 언어 영역에 소집단으로 모여 앉는다.

○ ○○○반 어린이들의 목소리를 녹음한 듣기 테이프를 소개한다.

- 선생님이 ○○○반 친구의 목소리를 들려줄 거예요. (제시된 유아의 사진을 보여주며) 여기에 있는 3명 중 한 명의 목소리예요. 잘 듣고 누구인지 알아맞혀 보세요.
  - (녹음된 테이프를 재생하며) 안녕. 나는 남자(여자) 어린이야. 나는 사과 표시야.
- 누구의 목소리일까요? 사진에서 골라 보세요.
- (녹음된 테이프를 재생하며) 누구의 목소리였는지 들어 보세요.
  - 나는 ○○○야.

○ 다른 친구의 목소리를 듣고 누구인지 맞추어 본다.

- 이번에는 누구의 목소리일지 잘 듣고 알아맞혀 보세요.

'친구와 표시 그림 짝짓기' 활동자료

'표시 그림'과 관련된 수수께끼 듣고 맞추기

확장활동

- 학기 말에는 표시 그림과 관련된 수수께끼를 녹음한 듣기 테이프를 듣고 알아맞히는 활동을 제시할 수 있다. 이때 처음부터 모든 유아들에 대한 수수께끼를 녹음하기보다는 4~5명씩 수수께끼의 수를 늘려 주는 것이 효과적이다.

관련활동

- 언어 영역 '카세트테이프 플레이어 사용방법 소개' (34쪽 참고)
- 이야기나누기 '나의 이름 소개하기' (18쪽 참고)

활동 14 손님 초대하기

집단형태

자유선택활동 · 대집단활동

활동유형

역할 놀이 영역 · 이야기나누기

활동자료

여러 가지 음식 모형, 식기류, 청소도구, 앞치마, 머릿수건

활동목표

- 놀이에서 자신의 역할을 이해하고 역할에 맞게 놀이한다.

활동방법

○ 방안놀이 시간 손님 초대하기 놀이에 참여하고 싶은 유아들이 모여 앉는다.

○ 손님을 초대하여 대접하는 놀이에 대해 이야기한다.

- 집에 손님을 초대해 본 적이 있나요? 누구를 초대했나요? 왜 초대했나요? 기분이 어땠나요?
- 손님을 초대하기 위해 무엇을 준비했나요? 무엇을 준비해야 할까요?
  - 음식을 만든다.
  - 집 안을 깨끗하게 청소한다.

○ 손님을 초대하는 방법에 대해 이야기 나눈다.

- 친구를 초대할 때 무엇이라고 말하면 좋을까요?
  - "맛있는 음식을 많이 만들었어. 우리 집에 와서 같이 먹자."
- 어른을 초대할 때에는 무엇이라고 말하면 좋을까요?
  - "저희 집에 초대합니다."
  - "저희 집에 놀러 오세요. 맛있는 음식을 많이 만들었어요."

○ 손님을 집에 초대하는 놀이를 할 때 필요한 역할에 대해 이야기 나눈다.

- 손님을 초대하기 위한 준비를 하기로 해요. 무엇을 준비할 수 있을까요?
- 손님을 초대하려면 집 안을 깨끗하게 청소하고, 손님에게 대접할 음식을 만들어야 해요.
- 어떤 역할을 하고 싶은지 생각해 보세요.

○ 손님을 초대하는 놀이를 하기 위한 역할을 정한다.

○ 청소를 하기 위해 필요한 준비물을 살펴본다.

- 집 안을 청소하기 위해서는 무엇이 필요할까요?
  - 청소도구, 앞치마

○ 집 안을 깨끗하게 청소한다.

○ 음식 소품을 살펴보며 만들 음식을 정한다.

- 냉장고 안에 무엇이 있는지 살펴봅시다.

■ 어떤 음식을 만들어 손님에게 대접할까요?

■ 달걀로 무엇을 만들까요?

■ 오렌지를 믹서기에 넣고 갈아서 주스를 만들면 어떨까요?

○ 준비한 음식 소품을 사용하여 음식을 만든다.

○ 음식을 상에 차린다.

■ 상을 차려 우리가 만든 음식을 맛있게 먹어요.

■ 숟가락, 젓가락, 포크는 어디에 놓을까요?

○ 손님에게 음식을 대접한다.

■ 손님에게 음식을 대접할 때 무엇이라 말씀드리면 좋을까요?

- "많이 드세요."
- "○○을 더 드릴까요?"
- "더 필요한 것 없으세요?"
- "다 먹은 그릇은 치워 드릴게요."

음식 만들어 손님 초대하기

2. 나의 몸

나의 몸 / 키 · 몸무게 재기 / 한 몸
/ 냄새 맡기 / 이 닦기 / 빨대 자르기 / 촉감집 구경하기
/ 손바닥 찍기 / 악기 소리 맞추어 손뼉 치기 / 발자국 찍기
/ 리듬악기 연주에 맞추어 노래 부르기 / 소리 듣고 악기 맞추기
/ 신체 마주 대기 / 손바닥 · 발바닥 붙이기
/ 졸려 졸려 / 화장실 사용

활동 1 나의 몸

집단형태

대집단활동

활동유형

이야기나누기

활동자료

우리 몸의 전신 그림자료 TIP

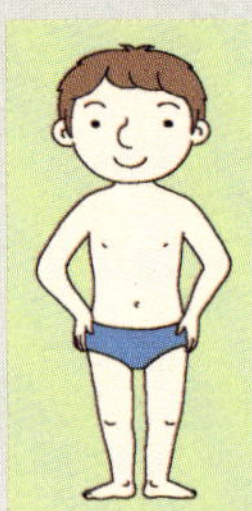

전신 그림

TIP 파워포인트로 제작하여 각 신체 부분을 클릭하면 해당되는 신체 부분이 확대되도록 한다.

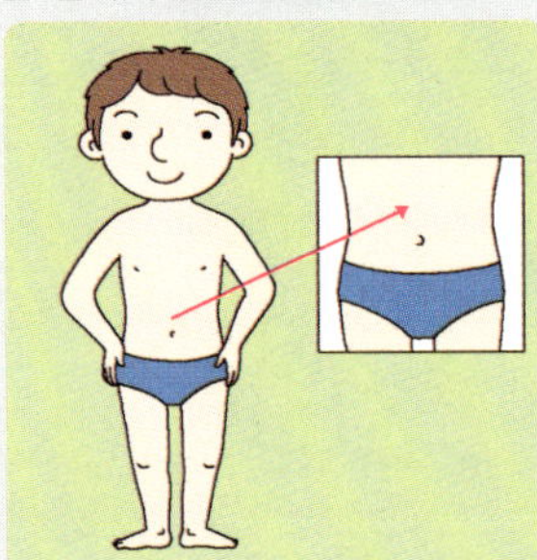

자료의 예 – 배 확대 그림

활동목표

- 나의 몸에 관심을 갖는다.
- 나의 몸을 이루는 각 부분의 이름을 알고 구별한다.

활동방법

○ 그림자료를 보면서 우리 몸 각 부분의 이름을 알아본다. 이때 교사는 레이저 포인터로 유아들과 이야기를 나누는 몸의 부분을 가리키거나, 해당 신체 부분을 크게 확대해서 본다.

① 머리

- 우리 몸의 제일 위에는 무엇이 있을까요?
  - 머리
- 머리를 만져 보세요. 머리에는 무엇이 있나요?
  - 머리카락
- 얼굴에는 무엇이 있나요?
  - 눈, 눈썹, 코, 입
- 눈은 몇 개인가요?
  - 2개
- 눈 밑에는 무엇이 있나요?
  - 코
- 입은 어디에 있을까요? 입을 찾아 만져 보세요.
- 귀는 어디에 있을까요? 귀를 찾아 만져 보세요.

② 목

- 머리와 몸 사이에는 무엇이 있나요?
  - 목
- 목을 움직여 보세요.
- 고개를 숙여 보세요.
- 고개를 돌려 옆 친구를 바라보세요.

③ 어깨

- 어깨가 어디인지 만져 보세요.
- 다 같이 어깨를 돌려 보세요.
- 친구의 어깨를 두드려 주세요.

④ 가슴, 배, 등, 엉덩이

- (교사가 가슴을 짚으며) 여기는 어디인가요?
  - 가슴
- 가슴 아래쪽에는 무엇이 있나요?
  - 배
- 배꼽은 어디에 있나요? 배꼽이 어디에 있는지 손으로 짚어 보세요.
- (교사가 등을 짚으며) 여기는 무엇이라고 부르나요?
  - 등
- 등 아래에 무엇이 있나요?
  - 엉덩이

⑤ 팔과 손

- 팔은 어디에 있나요? 팔을 움직여 보세요.
- 팔은 몇 개 있을까요?
  - 2개
- 손을 움직여 보세요.
- 손가락은 모두 몇 개인가요?
  - 10개

⑥ 다리와 발

- 다리는 어디에 있나요? 다리를 움직여 보세요.
- 다리는 몇 개 있나요?
  - 2개
- 발을 움직여 보세요. 발가락을 움직여 보세요.
- 발가락은 모두 몇 개인가요?
  - 10개

○ 교사가 그림자료에서 특정 신체 부분을 가리키면 유아들이 신체 부분의 이름을 말한다.

- 선생님이 그림에서 가리키는 곳의 이름을 말해 보세요.
- 선생님이 그림에서 가리키는 곳을 내 몸에서 찾아 짚어 보세요.

관련활동

- 수학 '키 · 몸무게 재기' (44쪽 참고)
- 과학 '나의 얼굴 관찰하기' (69쪽 참고)
- 과학 '식빵 얼굴 콜라주' (74쪽 참고)

입 탐색하기

어깨 탐색하기

활동 2

키 · 몸무게 재기

집단형태

소집단활동(약 5명) · 자유선택활동

활동유형

수학

활동자료

신장계, 체중계, 키 표시판, 몸무게 표시판, 색테이프, 매직펜 TIP 1, 자, 유아 얼굴 사진

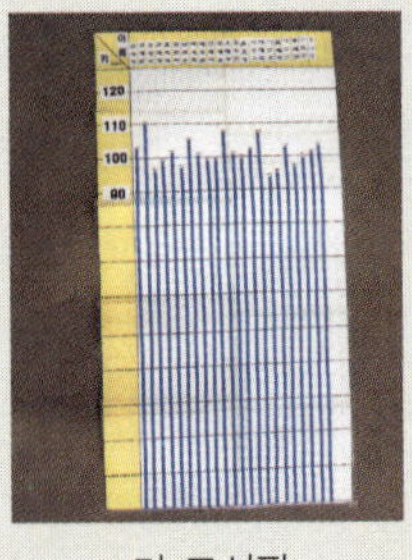

키 표시판

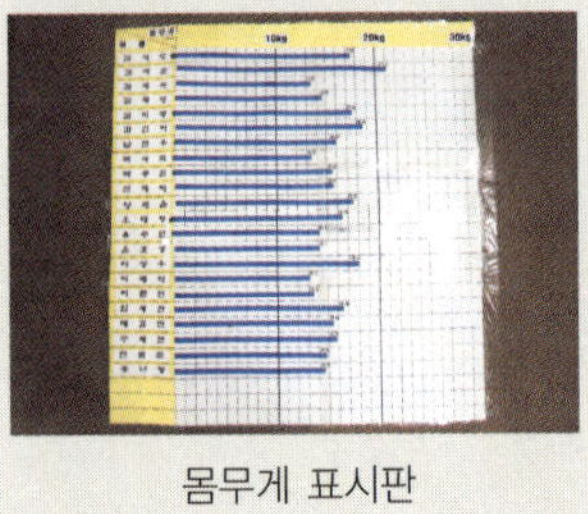

몸무게 표시판

TIP 1 색테이프와 매직펜은 키를 재고 난 후 키 · 몸무게 표시판에 유아의 키를 표시하기 위해 사용한다. 교사는 키 · 몸무게 표시판에 표시하기 전에 유아와 함께 색테이프와 매직펜 중 무엇으로 표시할 것인지 정한다.

TIP 2 키 표시판에 색테이프를 붙이거나 매직펜으로 직선을 그은 후 91cm라고 숫자로 써 준다.

활동목표

- 키 · 몸무게를 측정하는 방법을 안다.
- 길이와 무게를 비교하고, 수학적 언어로 표현한다.

활동방법

○ 방안놀이 시간 중 유아 5~6명이 신장계와 키 표시판, 몸무게 표시판이 준비된 곳에 모여 앉는다.

○ 신장계에 대해 소개한다.

- (신장계를 가리키며) 무엇을 할 때 사용하는 것일까요?
  - 키를 잴 때 사용하는 기계이다.
  - 키를 재는 동시에 몸무게도 잴 수 있는 기계이다.

○ 키와 몸무게를 재는 방법을 알려준다.

- 어떻게 키와 몸무게를 잴 수 있을까요?
  - 실내화를 벗고 신장계 위 발바닥 표시가 있는 곳에 선다.
  - 뒤로 기대지 않고 똑바로 서서 고개를 들어 앞을 바라본다.
  - 키를 잴 때까지 반듯한 자세로 움직이지 않는다.

○ 유아들이 한 명씩 나와서 키와 몸무게를 잰다.

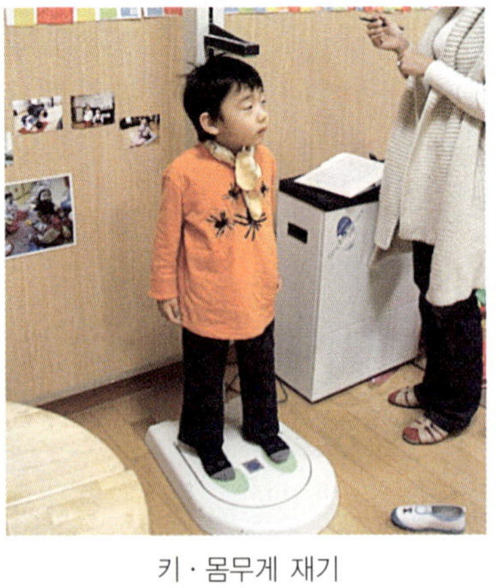

키 · 몸무게 재기

○ 측정된 키와 몸무게의 값을 키 표시판, 몸무게 표시판에 각각 표시한다.

- ○○○의 키는 91cm예요. 선생님이 91cm가 얼만큼인지 색테이프를 붙여 볼게요(펜으로 선을 그어 볼게요). TIP 2

○ 측정된 몸무게의 값을 몸무게 표시판에 표시한다.

- ○○○의 몸무게는 19kg이에요. 선생님이 19kg이 얼만큼인지 색테이프를 붙여 볼게요(펜으로 선을 그어 볼게요). TIP 3

유의점

- 유아들이 그래프를 보며 자신과 친구들의 키나 몸무게를 비교하는 데 지나친 관심을 갖지 않도록 지도한다. 키가 자라는 속도는 사람마다 다르며 키가 크고 작음보다는 몸이 건강한 것이 중요함을 알려준다.

TIP 3 몸무게 표시판에 색테이프를 붙이거나 매직펜으로 직선을 그은 후 19kg이라고 숫자로 써 준다.

활동 3

한 몸

집단형태

대집단활동

활동유형

노래

활동목표

- 나의 몸에 관심을 갖는다.
- 나의 몸을 이루는 각 부분의 이름을 알고 구별한다.

활동방법

○ 교사가 제시하는 신체 부분을 손으로 가리킨다.

- 선생님이 말하는 부분을 손으로 가리켜 보세요.
- 이번에는 한 번만 말하지 않고, 두 번 또는 세 번씩 말할 거예요. 선생님이 "머리, 머리, 머리"라고 말하면 머리를 세 번 가리키는 거예요.

○ 교사가 다양한 신체 부분을 2~3번씩 말하면 유아들이 자신의 신체 부분을 가리킨다.

○ 교사가 노래를 유아들에게 들려준다.

- 이번에는 선생님이 노래로 어느 부분을 가리켜야 할지 알려줄 거예요. 노래를 잘 들으면서 선생님이 알려주는 곳을 손으로 가리켜 보세요.

○ 다 같이 노래를 부른다.

- (손으로 각 신체 부분을 가리키며) 이렇게 입, 눈, 귀, 코 모두 다 어디에 있을까요?
  - 우리 몸에 있다.
- 모두 다 한 몸에 있어요.

○ 다른 신체 부분을 노랫말에 넣어 부른다.

- 이번에는 선생님이 노랫말을 바꾸어 부를 거예요. 잘 듣고 노래에 나오는 곳을 가리켜 보세요.

관련활동

- 이야기나누기 '나의 몸' (42쪽 참고)
- 신체(체육) '신체 마주 대기' (60쪽 참고)

악 보

한 몸

작사 · 곡 김진영

활동 4

냄새 맡기

집단형태

자유선택활동 · 소집단활동 (약 5명)

활동유형

과학 영역 · 이야기나누기

활동자료

참기름, 치약, 초콜릿, 향수 등 TIP 1, 각 내용물 그림, 불투명한 용기 TIP 2

'냄새 맡기' 활동자료

TIP 1 냄새가 독특하여 유아들이 쉽게 구별할 수 있는 것들로 준비한다. 참기름, 치약, 향수 등 액체로 된 것들은 솜에 묻혀 용기 안에 넣는다.

TIP 2 냄새를 맡을 수 있도록 구멍이 뚫린 용기(예: 조미료통)를 사용하거나, 알루미늄 포일이나 코팅한 종이로 그릇을 덮은 다음 송곳으로 구멍을 뚫어 둔다. 같은 종류의 물건을 용기 2개에 담아 한 세트로 준비한다. 내용물을 넣은 용기에 덮개를 달고 내용물의 그림을 붙인다.

냄새 맡기 덮개의 예

활동목표

- 코의 기능을 안다.
- 다양한 종류의 냄새를 구별한다.

활동방법

○ 교사가 '코'에 대한 수수께끼를 내고 유아들이 알아맞혀 봄으로써 코의 특징과 기능을 알아본다.

- 선생님이 내는 수수께끼를 알아맞혀 보세요. 나는 얼굴에서 제일 가운데에 있어요. 내가 없으면 사람들은 숨을 쉴 수 없고, 냄새도 맡을 수 없어요. 나는 누구일까요?

○ 활동방법을 소개한다.

- 그릇 안에 여러 가지 물건을 넣어놓았어요. 그런데 이 그릇 중에는 같은 냄새가 나는 그릇이 2개씩 있어요.
- 각각의 냄새를 맡은 후 같은 냄새가 나는 물건의 그릇을 찾아 주세요.

○ 유아들과 돌아가면서 준비된 물건의 냄새를 맡아 보고, 같은 냄새가 나는 용기끼리 모아 본다.

- 무슨 냄새가 나나요?
- 같은 냄새가 나는 그릇끼리 모아 보세요.

○ 용기의 덮개를 열어 같은 물건의 냄새끼리 모았는지 확인한다.

냄새 맡기 활동

유의점

- 냄새 맡기의 내용물이 변질될 수 있으므로 유아들이 귀가한 후에는 냉장고에 보관하고 수시로 내용물의 상태를 확인한다.

활동 5 이 닦기

활동목표

- 이 닦기의 중요성을 안다.
- 이를 올바르게 닦는 방법을 안다.
- 이를 청결하게 유지하는 습관을 기른다.

활동방법 TIP 1

○ 손인형을 사용하여 이가 썩어 아파서 울고 있는 어린이의 이야기를 들려준다.

- 어디서 울고 있는 소리가 들려요. 누가 울고 있는 것일까요?
- (손인형을 보여 주며) 지윤이가 울고 있었구나. 지윤이에게 무슨 일이 있는 걸까요? ○○○반 어린이들, 지윤이가 왜 울고 있는지 함께 물어봐요.
- (유아와 교사가 함께) 지윤아, 무슨 일이니?
- (손인형이 이야기하는 것처럼) 엉엉. 이가 썩어서 너무 아파요.
- 왜 지윤이의 이가 썩었을까요?
  - 이를 깨끗이 닦지 않아서이다.
  - 아이스크림 · 초콜릿 등 단 음식을 많이 먹어서이다.

○ 양치질의 필요성을 소개하고, 치아 모형과 칫솔을 이용해 양치질의 바른 방법을 알아본다.

- 이가 썩지 않으려면 어떻게 해야 할까요?
  - 이를 깨끗이 닦아야 한다.
  - 사탕이나 초콜릿 등 단 음식을 먹지 않는다.
- 이를 깨끗이 닦지 않으면 음식물의 찌꺼기가 이 사이에 끼어서 이가 썩을 수 있어요. (충치 모형을 보여 주며) 이가 썩으면 이렇게 썩은 부분의 색이 변해요. 또 이가 썩었을 때 제대로 치료하지 않으면 점점 더 썩어가서 어느 날 갑자기 아프게 되지요. 양치질을 하지 않거나 양치질을 하더라도 제대로 이를 닦지 않으면 이가 썩어요.
- 이를 닦으려면 무엇이 필요할까요?
  - 치약과 칫솔, 컵이 필요하다.
- 이는 어떻게 닦는 것일까요?
  - (치아 모형과 칫솔을 사용하여) 윗니는 위에서 아래쪽으로, 아랫니는 아래에

집단형태

대집단활동 · 소집단활동 (약 5명)

활동유형

이야기나누기

활동자료

유아 손인형(울고 있는 표정), 아이스크림 · 초콜릿 · 사탕 모형, 치아 모형, 충치 모형, 칫솔, 치약, 컵

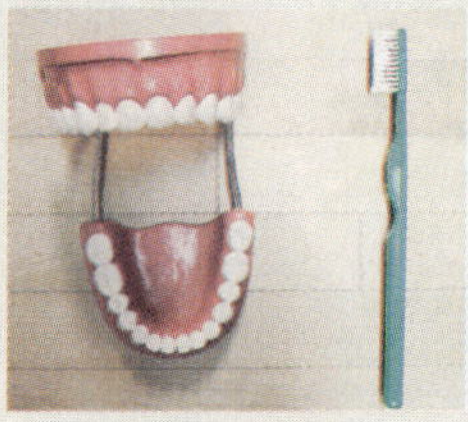

건강한 치아 모형 · 칫솔

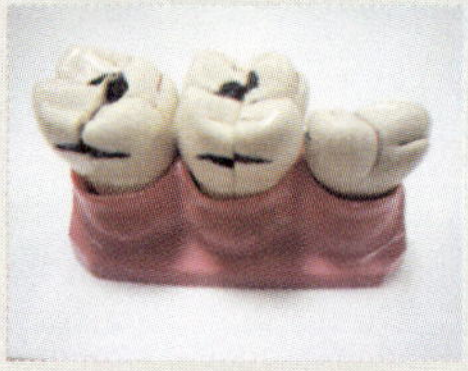

충치 모형

TIP 1 학부모 중 치과 의사가 있을 경우 학부모 조력활동으로 구강검진 및 올바른 칫솔질 방법에 대한 교육을 실시한다.

서 위쪽으로 칫솔질을 해요. 안쪽에 있는 어금니는 칫솔을 동그랗게 돌리듯이 닦는 거예요. 잘 닿지 않는 구석까지 칫솔을 넣어서 깨끗하게 닦아요.

바르게 이 닦는 방법 소개

■ 손가락 두 개를 칫솔처럼 만들어 보세요. 이제 선생님을 따라서 이를 닦아 봅시다.

○ 하루 중 이를 닦는 시간과 횟수를 이야기한다.

■ 이는 언제 닦는 것일까요?

• 아침, 점심, 저녁 식사 후 1번씩 모두 3번 닦는다.

■ 사탕이나 아이스크림처럼 단 음식을 먹고 난 후 바로 이를 닦아야 이를 썩게 하는 세균을 없앨 수 있어요.

■ 이를 닦은 후에는 부모님이나 선생님께 이가 깨끗이 닦였는지 보여드리도록 해요.

○ 소집단으로 화장실에 가서 거울을 보며 이를 닦아 본다. TIP 2

■ 칫솔 소독기에서 자신의 칫솔을 찾아보세요.

■ 칫솔을 찾은 사람은 양치컵을 들고 선생님에게 오세요.

■ 이제 선생님을 따라서 이를 닦아 봅시다.

• 손목을 움직여 윗니는 아래쪽으로 쓸어내리고 아랫니는 위쪽으로 쓸어올린다. 10번씩 반복한다.

• 이의 바깥쪽을 닦은 후에는 칫솔 방향을 바꾸어 이의 안쪽도 닦는다.

• 혓바닥과 입천장까지 모두 다 닦는다.

• 이를 닦은 후에는 10번 이상 물로 헹구어서 뱉어낸다. TIP 3

○ 활동에 사용했던 활동자료를 과학 영역에 게시하여 유아들이 방안놀이 시간에 자유롭게 칫솔질을 연습할 수 있도록 한다.

TIP 2 유치원에서 처음 점심식사를 하는 날 점심식사를 일찍 마친 유아들부터 소그룹으로 활동을 실시하며 지도하는 것도 효과적이다.

TIP 3 10번 이상 입안을 헹궈 치약을 깨끗하게 닦아내지 않으면 치약 속의 '계면활성제(거품강화제)'가 몸에 남아 건강에 해로움을 알려준다.

활동 6 빨대 자르기

활동목표

- 빨대를 가위로 자르면서 손의 힘을 기른다.
- 길이와 관련된 수학적 언어를 익힌다.

활동방법

○ 활동방법을 이야기 나눈다.

- 빨대를 작게 자를 거예요. 무엇이 필요할까요?
  - 가위
- 가위를 사용할 때 다치지 않기 위해서 지켜야 할 약속이 있어요. 어떤 약속이 있을까요?
  - 가위를 잡을 때는 손잡이 구멍에 손가락을 끼운다. 가윗날을 잡지 않는다.
  - 손이 다치지 않도록 가위와 빨대를 잘 보면서 가위질한다.
  - 가위질은 자신의 몸 앞쪽에서만 한다.
  - 가위를 들고 돌아다니지 않는다.
  - 가위질을 다 한 후 가위의 두 날을 모아 손잡이가 위로 가도록 통에 꽂는다.

○ 빨대를 다양한 길이로 자른다.

- 빨대를 잘라 보세요. 길게(짧게) 잘라 볼까요?
- 어떤 빨대의 길이가 더 긴가요(짧은가요)?

○ 유아들이 자른 빨대는 조형 영역장에 제공하여 꾸미기 재료로 활용하도록 한다.

빨대 자르기

유의점

- 가위질이 익숙하지 않은 유아들이 많으므로 안전하게 가위질을 할 수 있도록 지도한다.

집단형태

자유선택활동

활동유형

조형 영역

활동자료

색깔이나 무늬가 있는 빨대, 가위, 빨대를 담을 수 있는 통 TIP

'빨대 자르기' 활동자료

TIP 빨대를 가위로 자를 때 빨대가 흩어질 수 있으므로, 자른 빨대를 담는 큰 통을 준비한다. 활동 시 유아들이 통 주변에 둘러앉아 그 안에 빨대를 넣어 자를 수 있도록 한다.

활동 7

촉감집 구경하기

집단형태

자유선택활동

활동유형

과학 영역

활동자료

촉감집 4종류(누비헝겊, 모래종이, 천, 색비닐) TIP

촉감집-누비헝겊 촉감집-모래종이

촉감집-천 촉감집-색비닐

촉감집 안쪽

TIP 촉감집은 집의 문 부분에 누비헝겊, 모래종이, 천, 색비닐 등을 붙여 유아들이 문을 열 때, 다양한 재질의 촉감을 느낄 수 있도록 제작한다.

활동목표

- 재질에 따라 다른 느낌을 표현하는 말을 안다.
- 촉감을 통해 물건의 재질을 구분하는 능력을 기른다.

활동방법

○ 촉감집 문을 손으로 만지거나 열고 닫으면서 여러 가지 재질의 촉감을 느낀다.

- (모래종이로 만들어진 촉감집 문을 만지는 유아에게) 문을 만지니까 어떤 느낌이 드나요?
  - 거칠거칠하다.
- 이 문은 무엇으로 만든 것일까요?
  - 흙으로 만들어진 것 같다.
  - 모래로 만든 것 같다.
- 이렇게 거칠고 까끌까끌한 것을 만져 본 적이 있나요?
  - 아빠 수염이요. 내 얼굴에 대면 따가워요.
- 이 집에는 누가 살고 있을까요? 문을 열어 확인해 봅시다.

○ 위와 같은 방법으로 다른 촉감집 문을 만지거나 열고 닫았을 때의 느낌을 이야기 나눈다.

- (촉감집 문을 만지는 유아에게) 문을 만지니까 어떤 느낌이 드나요?
  - 누비헝겊: 폭신하다, 포근하다
  - 천: 부드럽다, 보들보들하다
  - 모래종이: 거칠거칠하다, 까끌까끌하다
  - 색비닐: 미끄럽다, 반질거린다, 매끈하다

촉감집 문 열어 보기

활동 8 손바닥 찍기

활동목표

- 손바닥의 생김새를 안다.
- 신체를 이용한 조형 활동을 통해 즐거움을 느낀다.

활동방법

○ 손바닥을 탐색한다.
- 손바닥을 보세요.
- 어떻게 생겼나요? 어떤 무늬가 있나요?
- 손가락으로 손금을 만져 보세요.

○ 손바닥에 자기가 원하는 색의 물감을 묻힌다.

○ 종이 위에 손바닥을 넓게 펴서 찍는다.
- 손바닥을 쫙 펴서 종이 위에 찍어 보세요.

○ 손바닥이 찍힌 모양을 관찰한 후 건조대에 말린다.

○ 손을 씻는다.
- 손바닥을 다 찍은 사람은 화장실에 가서 손을 깨끗이 씻으세요.

손바닥 찍기

'손바닥 찍기' 완성 작품 벽면 전시

확장활동

- 학부모 참여일에 부모와 함께 손바닥, 주먹 등을 찍어 보며 패턴을 만들어 보는 활동을 전개한다.

  예1) 아빠 손바닥, 내 손바닥, 아빠 손바닥, 내 손바닥 ……

  예2) 엄마 손바닥, 내 손바닥, 엄마 주먹, 내 주먹, 엄마 손바닥, 내 손바닥, 엄마 주먹, 내 주먹 ……

집단형태

자유선택활동

활동유형

조형 영역

활동자료

템페라 물감(2색 TIP 1), 물감 접시 TIP 2, 도화지, 건조대

TIP 1 템페라 물감은 수용성 물감으로 신체에 무해하며 물에 잘 씻겨 손바닥 찍기 활동에 적합하다. 템페라 물감 대신 흙을 물에 개어서 만든 물감을 이용할 수 있다. 이때 사용하는 흙은 화학첨가물이 없는 고령토로 한다.

TIP 2 물감 접시는 유아들의 손바닥 크기보다 큰 것을 준비하도록 하며 다른 색 물감을 찍을 때에는 손을 씻은 후 찍도록 지도한다.

활동 9 악기 소리 맞추어 손뼉 치기

집단형태
자유선택활동 · 소집단활동

활동유형
음률 영역 · 수학

활동자료
나무 블록

활동목표

- 소리의 빠르기, 셈여림의 차이를 변별할 수 있는 능력을 기른다.
- 소리의 빠르기와 세기에 맞추어 몸으로 표현한다.

활동방법

○ 나무 블록을 소개한다.

- 이 악기를 본 적이 있나요? 어디에서 보았나요?
  - 음률 영역
- 이 악기의 이름이 무엇인가요?
  - 나무 블록
- 나무 블록 소리를 들어 보세요.

○ 빠르기와 셈여림에 변화를 준 나무 블록 소리를 듣고 이야기 나눈다.

- 선생님이 치는 나무 블록 소리를 듣고 조금 전과 어떻게 달라졌는지 이야기해 주세요.
- (나무 블록을 빠르게 치며) 나무 블록 소리가 어떻게 달라졌나요?
- (나무 블록을 느리게 치며) 나무 블록 소리가 어떻게 달라졌나요?
- (나무 블록을 강하게 치며) 나무 블록 소리가 어떻게 달라졌나요?
- (나무 블록을 약하게 치며) 나무 블록 소리가 어떻게 달라졌나요?

○ 나무 블록 소리를 듣고, 그 소리에 맞추어 손뼉을 친다.

- 선생님이 치는 나무 블록 소리에 맞추어 손뼉을 쳐 보세요.
  - 교사가 빠르게 또는 느리게, 강하게 또는 약하게 나무 블록을 치면 유아들이 소리에 맞추어 손뼉을 친다.

나무 블록 소개하기

나무 블록 소리 맞추어 손뼉 치기

활동 10 발자국 찍기

활동목표

- 만지거나 밟으면 자국이 남는 모래의 성질을 안다.
- 길이와 크기를 비교하는 말을 안다.

활동방법

○ 마당놀이 시간 중 모래놀이 영역에서 모래 위에 발자국을 찍어 본다.
- 발로 모래를 밟으면 모래의 모양이 어떻게 될까요?
  - 발자국 모양이 생긴다.
- 발자국을 내 봅시다.
- 내 발자국이 어떻게 생겼나요?
- 친구의 발자국은 어떻게 생겼나요?

○ 다양한 모양의 발자국이 찍히도록 걸으면서 모래를 살펴본다.
- 발자국이 여러 개 만들어지도록 걸어 봅시다.
- 어떤 발자국이 생기게 걸어 보고 싶나요?
- 지그재그로 걸어 볼까요?
- 다리를 넓게 벌리면서 걸어 볼까요?
- 선생님을 따라 걸어 볼까요?
- ○○의 발자국을 따라 걸어 보세요.

○ 선생님 또는 친구들의 발자국 모양이나 크기를 비교해 본다. TIP
- 큰(작은) 발자국을 찾아보세요.
- 누구의 발자국일까요?
- 누구의 발자국이 더 큰(작은)가요?
- 선생님(친구들)의 발자국을 찾아 따라가 봅시다.
- 선생님(친구들)이 어떻게 걸었나요?

유의점

- 마른 모래보다는 약간 젖은 모래에 발자국을 찍어야 발자국의 형태가 잘 보존되어 크기와 길이를 정확하게 비교할 수 있다.

집단형태
자유선택활동

활동유형
실외 영역

발자국을 남기며 걷기

모래 위에 발자국 찍기

TIP 유아들 간의 발자국 크기를 비교하는 것보다 교사와 유아의 발자국 크기를 비교하면 시각적 차이가 확연히 드러난다.

활동 11

리듬악기 연주에 맞추어 노래 부르기

집단형태

중집단활동(약 10명)

활동유형

악기연주

활동자료

리듬악기(방울악기, 샌드페이퍼, 캐스터네츠 – 각각 유아 수만큼)

활동목표

- 리듬악기를 바르게 연주하는 방법을 안다.
- 소리의 차이를 변별하는 능력을 기른다.

활동방법

○ 바구니에 준비된 리듬악기를 하나씩 살펴보며 악기의 이름과 연주방법, 악기에서 나는 소리를 살펴본다.

- 이 악기의 이름은 무엇일까요?
  - 방울악기, 샌드페이퍼, 캐스터네츠이다.

① 방울악기

- 어떻게 연주하는 악기일까요?
  - 흔들어서 소리를 내는 악기이다.
- 이 악기는 방울로 만들어졌다고 해서 '방울악기' 라고 해요. 방울악기에서 어떤 소리가 나는지 잘 들어 보세요.
  - 딸랑딸랑 소리가 난다.

② 샌드페이퍼

- 어떻게 연주하는 악기일까요?
  - 서로 비벼서 소리를 내는 거예요.
  - 서로 부딪쳐서 소리를 낼 수도 있어요.
- 이 악기는 '샌드페이퍼' 라고 해요. 이렇게 손잡이에 손을 끼우고 서로 비비거나 부딪쳐서 소리를 내는 거예요.
- 악기에서 어떤 소리가 나는지 잘 들어 보세요.
  - 사사삭 소리가 난다.
  - 딱딱 소리가 난다.

③ 캐스터네츠

- 어떻게 연주하는 악기일까요?
  - 손바닥 위에 악기를 올려놓고 다른 손으로 친다.
- 이 악기의 이름은 '캐스터네츠' 예요. 어떤 소리가 나는지 잘 들어 보세요.
  - 짝짝짝 소리가 난다.
  - 박수치는 것 같다.

○ 교사가 연주하는 리듬악기 소리에 맞추어 노래를 부른다.

- 선생님이 연주하는 악기 소리에 맞추어 노래를 불러 봅시다. 어떤 노래를 불러 볼까요?

○ 유아가 연주하는 리듬악기 소리에 맞추어 노래를 부른다.

- 이번에는 ○○○반 어린이들이 직접 악기를 연주해 볼 거예요. 방울악기, 샌드 페이퍼, 캐스터네츠 중 어떤 악기를 연주하고 싶나요?
- 방울악기(샌드페이퍼, 캐스터네츠)를 연주하고 싶은 사람 손들어 보세요.
- 앞으로 나와서 악기를 받아 가세요.
- 이제 악기를 연주하며 노래를 불러 봅시다. 어떤 노래를 불러 볼까요?

관련활동

- 신체(게임) '소리 듣고 악기 맞추기' (58쪽 참고)

활동 12

소리 듣고 악기 맞추기

집단형태

중집단활동(약 10명)

활동유형

신체(게임)

활동자료

리듬악기 2세트(예: 방울악기, 샌드페이퍼, 캐스터네츠 등) TIP 1, 가림판 TIP 2, 낮은 책상 2개, 의자(유아 수만큼), 동그라미 자리 표시 2개

활동대형

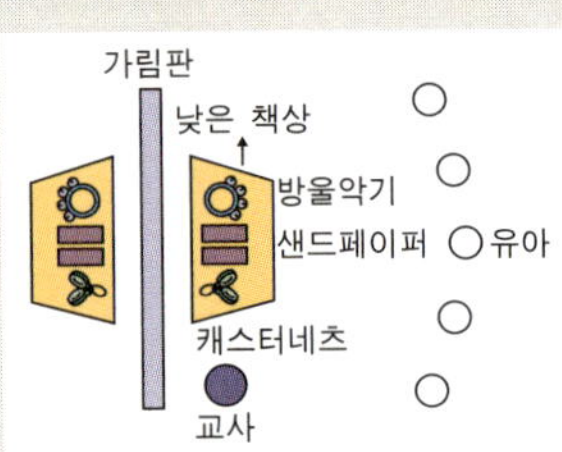

'소리 듣고 악기 맞추기' 게임대형

TIP 1 게임에 사용하는 악기는 방안놀이 시간 유아들이 음률 영역에서 경험했던 친숙한 것으로 한다. 유아들이 게임에 익숙해졌을 경우 게임에 사용하는 리듬악기 종류를 늘린다.

TIP 2 가림판은 인형극 틀이나 그림자 막, 게시판 등을 사용한다.

활동목표

- 소리의 차이를 변별하는 능력을 기른다.
- 게임방법을 알고 규칙을 지키며 게임을 한다.

활동방법

○ 준비된 게임자료를 살펴본다.

- 앞에 무엇이 보이나요?
  - 가림판, 악기
- 바구니에 어떤 악기가 들어 있는지 살펴봅시다. 어떤 악기가 있나요?
- 선생님이 지금 ○○○반 어린이들에게 보여 준 악기와 똑같은 악기를 다른 바구니에도 담아 놓았어요.

○ 가림판 앞에 있는 낮은 책상과 뒤에 있는 낮은 책상 위에 리듬악기를 각각 한 세트씩 가져다 놓는다.

- 게임을 할 수 있도록 악기가 담긴 바구니를 책상 위에 가져다 놓을게요.

○ 게임방법을 소개한다.

- 악기 소리를 듣고 같은 소리가 나는 악기를 찾는 게임을 할 거예요. 어떤 방법으로 게임을 하는지 잘 들어 보세요.
  - 두 명씩 앞으로 나온다. 한 명은 가림판 앞에, 한 명은 가림판 뒤에 선다.
  - 가림판 뒤에 있는 사람이 낮은 책상 위에 올려진 악기 중 하나를 골라서 소리를 낸다.
  - 가림판 앞에 있는 사람은 악기 소리를 잘 듣고 같은 소리가 나는 악기를 찾아서 소리를 낸다.
  - 가림판 뒤에 있는 사람이 소리를 낸 악기를 들고 앞으로 나와 어떤 악기인지 보여 준다.
  - 게임에 사용한 악기를 제자리에 정리하고 자기 자리로 들어와서 앉는다.

○ 게임을 하기 전에 지켜야 할 약속을 정한다.

- 게임을 하려면 어떤 약속을 지켜야 할까요?
  - 악기를 한 가지만 선택한다.
  - 악기를 바르게 연주하여 소리를 정확하게 낸다.

• 악기를 연주한 후에는 다음 사람이 게임을 할 수 있도록 악기를 제자리에 정리한다.

■ 의자에 앉아서 게임을 보는 사람은 어떤 약속을 지켜야 할까요?
  • 바른 자세로 앉아 악기 소리를 듣는다.
  • 어떤 악기 소리인지 함께 생각한다.
  • 앞에서 게임을 하는 친구에게 방해되지 않도록 조용히 지켜본다.

○ 유아가 시범을 보인다.

○ 게임을 한다.

○ 2명의 유아가 게임을 끝냈을 때마다 약속을 잘 지켰는지 평가를 하고 격려한다.

유의점

■ 유아들이 게임 도중 악기를 미리 보지 않도록 유의하여 게임대형을 세팅한다. 특히 유아들이 의자에 앉아 있는 자리와 가림판과의 거리를 조절하여 의자의 양 끝에서 가림판 뒤쪽이 보이지 않도록 한다.

관련활동

■ 악기연주 '리듬악기 연주에 맞추어 노래 부르기' (56쪽 참고)

같은 소리가 나는 악기 찾기

활동 13

신체 마주 대기

집단형태

중집단활동(약 10명)

활동유형

신체(체육)

활동자료

신호악기

활동대형

자유대형

활동목표

- 신체 각 부분의 명칭을 안다.
- 지시에 따라 신체 움직임을 조절한다.

활동방법

○ 교사가 '눈은 어디 있나' 노래의 노랫말을 손, 발, 코, 귀, 무릎, 엉덩이, 배 등으로 바꾸어서 불러 준다. 유아는 노랫말에 해당되는 신체 부분을 짚는다.

○ 교사가 직접 신체 부분(예: 손바닥, 손등, 발바닥, 팔꿈치, 무릎 등)을 맞대어 보여 주며 어느 신체 부분을 마주 대었는지 묻는다.

손바닥 마주 대기

발바닥 마주 대기

○ 교사의 지시에 따라 동일한 신체 부분을 맞댄다.

○ 짝과 함께 마주 보고 앉는다.

- 옆에 있는 친구끼리 마주 보고 앉으세요.
- 두 사람이 짝이 되는 거예요.

○ 교사의 지시를 듣고 짝끼리 신체 부분을 마주 댄다.

- 이제는 친구의 몸과 나의 몸을 마주 댈 거예요.
- 친구의 손바닥과 내 손바닥을 마주 대어 봅시다.
- 친구의 발바닥과 내 발바닥을 마주 대어 봅시다.
- 친구의 등과 내 등을 마주 대어 봅시다.

친구와 발바닥 마주 대기

친구와 등 마주 대기

관련활동

- 신체(체육) '손바닥 · 발바닥 붙이기' (62쪽 참고)

악 보

눈은 어디 있나

활 동 14

손바닥 · 발바닥 붙이기

집단형태

중집단활동(약 10명)

활동유형

신체(체육)

활동자료

손바닥 · 발바닥 그림, 호루라기

활동대형

손바닥 · 발바닥 그림을 유희실 바닥에 자유롭게 붙여 놓는다. TIP

TIP 유아들이 손바닥과 발바닥을 짚고 엎드릴 만한 공간이 확보되도록 손바닥과 발바닥 그림 간 간격을 조절한다.

두 손바닥 붙이기

두 발바닥 붙이기

활동목표

- 신체 각 부분의 명칭을 안다.
- 민첩성을 기른다.

활동방법

○ 유희실에 들어와서 바닥에 모여 앉는다.

○ 유아들과 함께 준비물을 살펴보며 활동방법을 소개한다.

- 바닥에 무엇이 붙어 있나요?
  - 손바닥 그림, 발바닥 그림
- 바닥에 붙어 있는 손바닥 · 발바닥 그림으로 재미있는 놀이를 할 거예요.
  - 노래를 부르면서 유희실을 자유롭게 걷는다.
  - 선생님이 호루라기를 불면 제자리에서 멈춘다.
  - 선생님이 '손바닥' 이라고 말하면 손바닥 그림 위에 자기의 손바닥을 댄다.
  - 선생님이 '발바닥' 이라고 말하면 발바닥 그림 위에 발바닥을 댄다.
  - 교사가 다시 호루라기를 불면 노래를 부르면서 유희실을 자유롭게 걷는다.

○ 유아 2~3명이 나와서 시범을 보인다.

○ 모든 유아들이 나와서 활동을 한다.

- 한 손바닥만 붙여 보세요.
- 두 손바닥 모두 붙여 보세요.
- 두 발바닥 모두 붙여 보세요.
- 두 손바닥, 두 발바닥 모두 붙여 보세요.

유의점

- 유아들이 뛰어다니면 서로 부딪칠 수 있으므로 걸어다니도록 지도한다.

관련활동

- 신체(체육) '신체 마주 대기' (60쪽 참고)

활동 15 졸려 졸려

활동목표

- 일찍 자고 일찍 일어나는 습관의 중요성을 안다.
- 일찍 자고 일찍 일어나는 습관을 기른다.

활동방법

○ 그림자료를 이용하여 이야기를 들려준다.

- 아침이 되어 해가 떴습니다. 하지만 지수는 아직 자고 있답니다.
- 엄마: 지수야, 어서 일어나라. 유치원에 가야지.
- 지수: 아~ 졸려. 엄마 더 자고 싶어요.
- 엄마: 지수야, 유치원에 늦겠어. 졸려 졸려 하지 말고 어서 일어나라.
- 어디선가 '(핸드벨로 악보의 '딩동댕' 부분을 연주하며) 딩동댕 딩동댕' 하며 아름다운 종소리가 들려옵니다. 매일 아침 지수는 '(핸드벨로 악보의 '딩동댕' 부분을 연주하며) 딩동댕 딩동댕' 하는 종소리를 들으며 잠자리에서 일어납니다.

○ 유치원에 오기 전에 한 일에 대해 이야기 나눈다.

- ○○○반 어린이들도 지수처럼 아침에 일어나서 유치원에 오지요? 아침에 유치원에 오기 전에 무엇을 했나요?
  - 세수를 하고 양치질을 했다.
  - 아침식사를 했다.
  - 옷을 입었다.
- 아침에 일찍 일어나서 유치원에 오기 위한 준비(또는 유아들이 이야기한 내용을 되짚어 이야기해 주며)를 하고 유치원에 오는구나.

○ 아침에 늦게 일어났을 경우에 대해 이야기 나눈다.

- 그런데 아침에 늦게 일어났다면 어떻게 될까요?
  - 아침 식사를 하지 못한다.
  - 세수나 양치질을 하지 못한다.
  - 유치원에 늦게 된다.
- 왜 늦게 일어나게 되었을까요?
  - 전날 밤에 늦게 잠을 잤다.
  - 아침에 더 자고 싶다고 침대에 누워 있었다.

집단형태

대집단활동

활동유형

노래 · 이야기나누기

활동자료

그림자료, 게시판, 핸드벨 2개 ('파' 음과 '도' 음)

'졸려 졸려' 활동자료

○ 일찍 일어나는 방법에 대해 이야기 나눈다.

- 아침에 일찍 일어나기 위해서는 어떻게 해야 할까요?
  - 전날 밤에 일찍 잠자리에 든다.
- 오늘부터 ○○○반 어린이들도 지수처럼 아침에 일찍 일어날 수 있도록 밤에 일찍 자도록 해요.

○ 교사 노래를 듣는다.

○ 다 같이 노래를 부른다.

악 보

졸려 졸려

외국곡

활동 16 화장실 사용

활동목표

- 올바른 화장실 사용법을 안다.
- 화장실에서의 약속을 알고 실천한다.

활동방법 TIP 2

○ 화장실의 용도를 소개한다.

- 대 · 소변이 마려울 때는 어디로 가야 하나요?
    - 화장실

○ 남 · 녀 유아의 성별에 따라 화장실 사용법을 소개한다.

| 여자 어린이 |

○ 양변기 사용법에 대해 이야기를 한다.

- 화장실에 들어가기 전에는 무엇을 해야 하나요?
    - 노크
- 노크는 왜 할까요?
    - 화장실 안에 사람이 있는지 없는지 알기 위해서이다.
- 노크를 한 후 화장실 안에 사람이 있는 것을 어떻게 알 수 있나요?
    - 밖에 있는 사람이 노크를 하면 화장실 안에 있는 사람도 노크를 한다.
- 화장실 안에 누가 있으면 어떻게 해야 할까요?
    - 화장실 문 앞에 줄을 서서 순서를 기다린다.
- 화장실 안에 아무도 없다는 것을 어떻게 알 수 있나요?
    - 밖에 있는 사람이 노크를 해도 화장실 안에서 소리가 들리지 않는다.
- 화장실 안에 들어간 뒤 무엇을 해야 할까요?
    - 문을 닫는다.
- 소변(대변)을 보려면 어떻게 해야 할까요?
    - 바지나 타이즈를 벗은 다음 변기에 앉는다.
    - 소변(대변)을 본다. 대변을 본 뒤 휴지로 깨끗이 닦은 다음 휴지를 변기 안에 버린다.
    - 변기의 손잡이를 아래로 내려 물이 나오게 한다.
    - 옷을 입는다.

집단형태

소집단활동(약 5명) TIP 1

활동유형

사회

활동자료

유치원 화장실 TIP 1, 주의 집중용 악기

TIP 1 유아들이 실물을 보면서 사용방법을 익힐 수 있도록 화장실에서 활동을 실시한다. 이때, 3~4명의 동성 유아들로 집단을 구성한다.

TIP 2 본 활동을 실시하기 전에 화장실을 사용하는 유아들은 개별적으로 지도한다.

여자 어린이 화장실 사용법

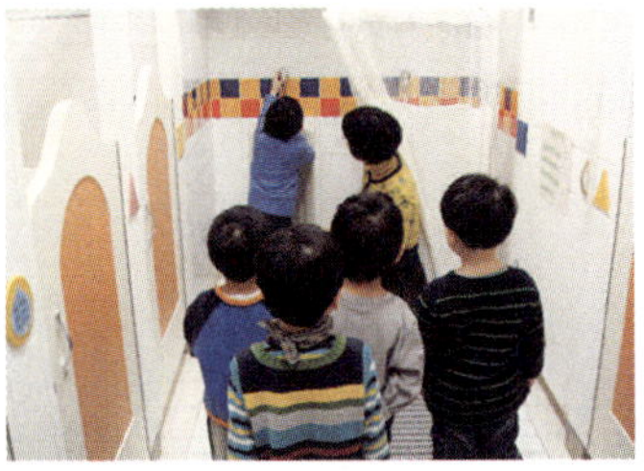

남자 어린이 화장실 사용법

TIP 3 이화유치원은 남자 유아들이 화장실을 사용하는 모습을 다른 유아들이 보지 않도록 소변기 앞에 커튼을 설치하였다.

- 소변(대변)을 본 다음에는 어떻게 해야 할까요?
  - 밖으로 나와 화장실 문을 닫는다.
  - 손을 씻는다.

○ 화장실을 가고 싶은 유아가 있으면 양변기 사용법에 따라 화장실을 사용한다.

| 남자 어린이 |

- 소변이 마려울 때는 어디를 가야 할까요?
  - 소변기로 간다.
- 소변을 보려면 어떻게 해야 할까요?
  - 소변기 커튼을 연다. 커튼을 잡아당기지 않는다. **TIP 3**
  - 커튼을 닫는다.
  - 소변기 앞에 서서 바지를 내린다.
  - 소변을 본다.
  - 바지를 올린다.
  - 소변기의 단추를 눌러 물을 내린다.
- 소변을 보고 난 다음에는 무엇을 해야 할까요?
  - 커튼을 열고 밖으로 나온다.
  - 손을 씻는다.

○ 양변기 사용법에 대해 이야기를 한다. 위에 제시된 여자 어린이의 양변기 사용법과 동일하게 유아들과 이야기를 나눈다.

- 대변이 마려울 때는 어떻게 해야 할까요?
  - 양변기에 앉아 대변을 본다.

○ 화장실에 가고 싶은 유아가 있으면 소변기 혹은 양변기 사용법에 따라 화장실을 사용한다.

○ 다 함께 모여 화장실 사용 시 지켜야 할 약속에 대해 이야기한다.

- 화장실에서는 어떤 약속을 지켜야 할까요?
  - 화장실에서는 걸어서 다닌다.
  - 여러 사람이 화장실을 사용할 때에는 줄을 서서 차례로 기다린다.
  - 다른 사람이 용변을 보는 모습을 보지 않는다.
  - 화장실에 오는 어린이가 문에 부딪치거나 문에 옷이 걸릴 수 있으므로 문을 꼭 닫는다.

관련활동

- 사회 '혼자서 옷 입기' (88쪽 참고)

3. 나의 마음

즐거운 일, 속상한 일 / 나의 얼굴 관찰하기
표정 짓기 / 얼굴 꾸미기 / 얼굴 표정 종이판화
얼굴 표정 그림 조각 맞추기 / 식빵 얼굴 콜라주
식빵 얼굴 콜라주 책 / 생일 축하 놀이 / 자동차 놀이

활동 1 즐거운 일, 속상한 일

집단형태

소집단활동(약 5명)

활동유형

이야기나누기

활동자료

얼굴 표정 그림

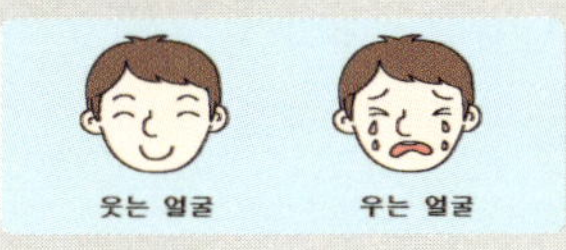

'즐거운 일, 속상한 일' 활동자료

활동목표

- 상황에 따라 감정이 달라질 수 있음을 안다.
- 친구들과 사이좋게 지내는 방법을 안다.

활동방법

○ 귀가 전에 모여 앉아 유치원에서의 하루 일과를 회상한다.

- 오늘 유치원에서 무엇을 했나요?
  - 친구들과 함께 교실과 마당에서 놀이를 했다.
  - 노래도 부르고 동화도 보았다.
  - 맛있는 간식도 먹었다.

○ 유치원에서 지내면서 즐거웠던 일에 대해 이야기를 나눈다.

- (웃는 얼굴 표정 그림을 붙이며) 오늘 하루 동안에 즐거운 일이 있었나요? 즐거웠던 일을 이야기해 줄 수 있나요?
  - 친구와 재미있게 놀았다.
  - 재미있는 놀잇감을 가지고 놀았다.

○ 유치원에서 지내면서 속상했던 일에 대해 이야기를 나눈다.

- (우는 얼굴 표정 그림을 붙이며) 오늘 하루 동안에 속상한 일이 있었나요? 왜 속상했나요?
  - 친구가 내가 놀던 놀잇감을 그냥 가지고 갔다.
  - 친구가 놀잇감을 양보해 주지 않았다.
- 어떻게 하면 속상한 일이 생기지 않을까요?
  - 쓰고 싶은 놀잇감이 있을 때에는 빌려달라고 말한다.
  - 놀잇감을 사이좋게 나누어 사용한다.

유의점

- 교사는 유아들의 즐거웠던 경험, 속상했던 경험에 대한 이야기를 기록하여 학급 내의 문제점을 파악하는 자료로 활용하고, 유아들이 즐겁게 유치원 생활을 할 수 있도록 지도한다.

활동 2

나의 얼굴 관찰하기

활동목표

- 얼굴을 구성하는 각 부분의 이름과 하는 일을 안다.
- 나의 얼굴 모습은 다른 사람과 다름을 안다.

활동방법

○ 안전거울 앞에 유아들과 함께 모여 앉는다.

○ 거울에 비친 얼굴을 살펴보며 얼굴 각 부분에 대해 이야기 나눈다.

- 거울 속에 무엇이 보이나요?
  - 얼굴
- 얼굴에 무엇이 있나요?
- 눈(코, 입, 귀)은 어디에 있을까요?
- 얼굴에 눈(코, 입, 귀)은 몇 개 있을까요?
- 눈(코, 입, 귀)이 어떻게 생겼나요? 어떤 모양인가요?

○ 얼굴 각 부분을 움직여 보면서 움직임과 변화하는 모습을 탐색한다. TIP 2

- 눈(코, 입, 귀)을 움직여 봅시다.
- 눈(코, 입, 귀)을 움직이니 얼굴이 어떻게 변했나요?
  - 입을 크게 벌리니 얼굴이 더 둥그래졌다.
  - 입술을 아래로 당기니 얼굴이 길어졌다.

○ 거울 속의 내 얼굴과 친구의 얼굴을 보면서 같은 점과 다른 점을 이야기해 본다.

- 거울 속에 보이는 친구의 얼굴을 살펴봅시다.
- 내 얼굴과 어떤 점이 같은가요? 어떤 점이 다른가요?

유의점

- 거울이 쓰러지거나 넘어지지 않도록 바닥에 단단히 고정한다. 거울이 깨질 경우 유리 파편이 흩어지지 않는 안전거울을 사용한다.

관련활동

- 이야기나누기 '나의 몸' (42쪽 참고)
- 수학 · 조작 영역 '얼굴 꾸미기' (71쪽 참고)
- 과학 '식빵 얼굴 콜라주' (74쪽 참고)

집단형태

소집단활동(약 5명)

활동유형

과학

활동자료

안전거울, 카펫, 자리 표시 TIP 1

안전거울

TIP 1 활동에 참여하는 유아의 수를 조절하기 위해 카펫 위에 자리 표시를 붙여 주면 효과적이다. 자리 표시 대신 방석을 사용할 수도 있다.

TIP 2 유아들이 얼굴의 변화를 쉽게 탐색할 수 있도록 "입을 크게 벌려 보자.", "윙크해 보자." 등과 같은 제안을 한다.

나의 얼굴 관찰하기

활동 3

표정 짓기

집단형태

자유선택활동 · 소집단활동 (약 5명)

활동유형

과학 영역 · 이야기나누기

활동자료

다양한 표정의 사진 혹은 그림자료 TIP, 안전거울

'표정 짓기' 활동자료

TIP 활동 중 유아가 표정을 지으면 사진으로 찍어 다른 유아들과 함께 감상한 후 벽면에 게시한다.

깜짝 놀란 표정 짓기

활동목표

- 감정에 따라 다양한 표정을 지을 수 있음을 안다.

활동방법

○ 유아들이 거울 앞에 앉아서 여러 가지 표정을 짓고 관찰한다. 이때 교사도 함께 다양한 얼굴 표정을 지어 보면서 유아들과 이야기를 나눈다.

- ○○가 어떤 표정을 짓고 있나요?
  - 웃고 있다.
- 우리도 웃어 볼까요?
- ○○○반 어린이들은 언제 웃나요?
  - 기분이 좋을 때 웃는다.
- 언제 기분이 좋은가요?
  - 아빠랑 유치원에서 놀 때 기분이 좋다.

○ 위와 같은 방법으로 놀란 얼굴, 우는 얼굴, 화난 얼굴, 졸린 얼굴 표정 등을 지어 보고, 각각의 표정이 나타나는 상황에 대해 이야기를 나눈다.

유의점

- 거울이 쓰러지거나 떨어지지 않도록 벽에 단단히 고정한다. 거울이 깨질 경우 유리 파편이 흩어지지 않는 안전거울을 사용한다.

관련활동

- 과학 '나의 얼굴 관찰하기' (69쪽 참고)
- 조형 영역 '얼굴 표정 종이판화' (72쪽 참고)

활동 4 얼굴 꾸미기

활동목표

- 얼굴을 구성하는 각 부분의 명칭을 안다.
- 얼굴의 모양을 다양하게 구성한다.

활동방법

○ '얼굴 꾸미기' 자료가 게시된 곳에 유아들과 함께 모여 앉는다.

○ 얼굴 형태 그림을 보며 이야기를 나눈다.

- 이것은 무엇일까요?
  - 얼굴
- 어떤 점이 이상한가요?
  - 눈이 없다, 코가 없다, 입도 없다, 귀도 없다

○ 얼굴의 각 부분 그림자료를 얼굴 형태에 붙인다.

- 이것은 무엇일까요?
  - 눈, 코, 입, 눈썹 등이다.
- 얼굴에 눈(코, 입, 눈썹, 귀)은 몇 개 있을까요?
- 코는 얼굴의 어디쯤에 있나요? 얼굴에 원하는 모양의 코 그림을 붙여 보세요.
- 어떤 모양의 눈이 있는지 살펴봅시다.
- 눈썹을 붙여 보세요.
- 어떤 모양의 입술을 붙이고 싶나요?
- 머리카락의 모양(색깔)을 살펴보세요. 어떤 머리모양을 붙이고 싶나요?
- 얼굴이 완성되었어요. 누구의 모습이 떠오르나요?
- 또 누구의 얼굴을 꾸며 볼까요?

○ 다양한 방법과 구성으로 얼굴 각 부분 그림자료를 얼굴 형태에 붙여 꾸민다.

관련활동

- 이야기나누기 '즐거운 일, 속상한 일' (68쪽 참고)
- 과학 '나의 얼굴 관찰하기' (69쪽 참고)
- 조형 영역 '얼굴 표정 종이판화' (72쪽 참고)
- 과학 영역 '표정 짓기' (70쪽 참고)

집단형태

자유선택활동 · 소집단활동 (약 5명)

활동유형

수학 · 조작 영역

활동자료

사람 얼굴 형태 그림자료, 얼굴 각 부분 그림자료 TIP, 철판

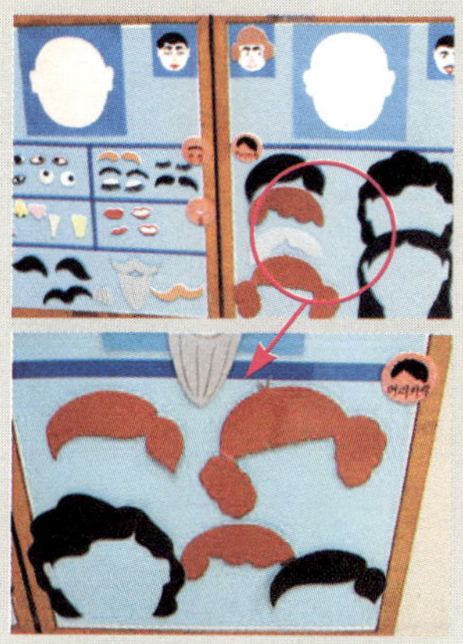

'얼굴 꾸미기' 활동자료

TIP 눈, 눈썹, 코, 입술, 콧수염, 머리카락 등 얼굴 각 부분의 그림자료를 준비하고 뒷면에 자석을 붙여 철판에 탈 · 부착을 용이하게 한다.

활동 5

얼굴 표정 종이판화

집단형태

자유선택활동

활동유형

조형 영역

활동자료

여러 가지 얼굴 표정 종이판화 판(웃는 얼굴, 우는 얼굴, 화난 얼굴, 놀란 얼굴), 물감, 물감 접시, 스펀지붓, 16절 색도화지, 건조대, 신문지, 작업복, 이름스티커

'얼굴 표정 종이판화' 활동자료 TIP

얼굴 표정 종이판화

TIP 종이판화의 판 아래에 신문지를 깔아 책상에 물감이 묻는 것을 방지한다. 또한 활동 시 두 가지 색의 물감이 섞이지 않도록 스펀지붓의 손잡이에 색종이나 색테이프로 해당 색을 표시한다.

활동목표

- 사람에게는 다양한 감정이 있음을 안다.
- 상황과 감정에 따라 얼굴 표정이 달라짐을 안다.

활동방법

○ 작업복을 입는다.

○ 다양한 얼굴 표정 종이판화 판을 살펴본다.

- 종이판화 판에 있는 얼굴들을 보세요. 어떤 표정인가요?

○ 얼굴 표정 종이판화 판을 고른다.

- 원하는 얼굴 표정을 골라 보세요.

○ 종이판화 판 위를 스펀지붓으로 문질러서 물감을 골고루 묻힌다.

○ 원하는 색의 색도화지를 종이판화 판 위에 올려놓는다.

○ 색도화지를 들어내어 색도화지에 찍혀 나온 표정 모양을 살펴본다.

○ 완성된 작품을 건조대에 널어 말린 후 이름스티커를 붙인다.

○ 교사는 완성된 판화의 얼굴을 모양대로 오려 교실 벽면에 전시한다.

'얼굴 표정 종이판화' 완성 작품 벽면 전시

관련활동

- 과학 '나의 얼굴 관찰하기' (69쪽 참고)
- 과학 영역 '표정 짓기' (70쪽 참고)

활동 6

얼굴 표정 그림 조각 맞추기

활동목표

- 사람에게는 다양한 감정이 있음을 안다.
- 상황과 감정에 따라 얼굴 표정이 달라짐을 안다.

활동방법

○ 수학 · 조작 영역에 놓인 '얼굴 표정 그림 조각 맞추기'의 구성물을 살펴본다.

- 쟁반에 무엇이 있나요?
  - 얼굴 배경판이 있다.
  - 웃는(우는, 놀란, 기쁜) 표정 그림 조각이 있다.

○ 얼굴 배경판에 맞는 얼굴 표정 그림 조각을 찾아 끼우며 놀이방법을 알아본다.

- (웃는 얼굴 표정 그림 조각을 보여 주며) 이것은 어떤 표정인가요?
  - 웃는 얼굴 표정이다.
- 언제 이런 표정을 지을까요? TIP
  - 재미있는 일이 있을 때, 기쁜 일이 있을 때 짓는 표정이다.
- 얼굴 배경판의 빈 부분에 맞는 얼굴 표정 그림 조각을 끼워 보세요.
- 또 어떤 얼굴 표정 그림 조각을 맞춰 볼까요?

○ 정리하는 방법을 안내한다.

- 얼굴 표정 그림이 모두 완성되었어요. 이제 다른 친구들도 놀이해 볼 수 있도록 조각을 떼어 정리하세요.

집단형태

자유선택활동

활동유형

수학 · 조작 영역

활동자료

얼굴 배경판, 얼굴 표정 그림 조각(웃는 표정, 우는 표정, 놀란 표정, 기쁜 표정)

TIP 각 얼굴 표정 그림 조각을 보여 주며 유아들과 어떤 얼굴 표정인지, 언제 이런 표정을 짓는지에 대해 이야기 나눈다.

활동 7

식빵 얼굴 콜라주

집단형태

소집단활동(약 5명)

활동유형

과학 · 조형 영역

활동자료

식빵(유아 1인당 1장), 잼 바르는 칼, 유아용 개인 접시, 우유, 컵, 요리보, 얼굴 꾸미는 재료(잼, 오이 · 당근 길게 자른 것, 방울토마토 반으로 자른 것, 바나나 · 딸기 얇게 자른 것)

TIP 1 사전에 얼굴에 대한 탐색을 한 뒤 본 활동을 실시하도록 한다.

TIP 2 활동을 하기 전 교사는 유아들을 세 집단으로 구성해 놓는다. 각 집단의 차례가 되었을 때 유아들의 표시 그림을 붙인 분반 표시판을 제시하여 자신의 차례임을 알게 한다.

TIP 3 유아들이 서로의 얼굴을 보면서 코, 입, 귀, 머리카락 등 얼굴 각 기관의 생김새를 관찰할 수 있도록 한다.

활동목표

- 얼굴을 구성하는 각 부분의 생김새와 특징을 안다.
- 다양한 재료를 사용하여 얼굴을 구성한다.
- 요리에 필요한 도구를 안전하게 사용하는 태도를 기른다.

활동방법 TIP 1

○ 방안놀이 시간 중 요리 활동에 참여하는 유아들이 손을 씻고 모여 앉는다. TIP 2

○ '○○은 어디 있나?' 노래를 부르면서 얼굴 각 기관의 명칭과 생김새에 대해 이야기 나눈다. TIP 3

- 우리 얼굴에서 눈은 어디에 있을까요?
- 눈이 어떻게 생겼나요? 친구들과 서로 얼굴을 보면서 이야기해 봅시다.
  - 길쭉한 눈, 동그란 눈, 올라간 눈, 내려간 눈
- 우리 얼굴에서 입은 어디에 있을까요?
- (귀를 가리키며) 이것은 무엇일까요?

○ 감각 기관을 활용하여 준비된 요리 재료를 살펴본다.

- 식빵이 있어요.
- 식빵을 만지면 어떤 느낌이 들까요?
- 식빵을 만져 봅시다. 어떤 느낌이 드나요?
  - 부드러워요, 폭신폭신해요
- 여러 가지 과일과 야채가 있어요.
- 방울토마토(당근, 오이, 바나나, 딸기)는 냄새가 어떤가요?
- 어떤 색깔인가요?
- 어떤 모양으로 잘라져 있나요?

○ 준비된 재료를 이용하여 얼굴을 꾸밀 수 있는 방법에 대해 이야기 나눈다.

- 여기에 있는 재료로 식빵을 꾸며서 내 얼굴을 만들 거예요.
- 식빵에 재료를 고정시키기 위해서 잼을 바를 거예요.
- 이것은 잼을 바를 때 사용하는 칼이에요. (손잡이를 가리키며) 손잡이를 잡고 잼을 식빵에 넓게 펴서 바르는 거예요.
- 칼을 다룰 때에는 조심해야 할 점이 있어요.

- 칼을 들고 휘두르거나 장난치지 않는다.
- 칼을 사용하지 않을 때에는 접시 위에 올려놓는다.

○ 유아용 개인 접시와 잼 바르는 칼을 나누어 갖는다.

○ 요리 순서에 따라 요리를 한다.

① 유아들에게 식빵을 한 장씩 나누어 준다.

■ 얼굴을 꾸밀 수 있도록 식빵을 한 장씩 나누어 줄게요.

② 교사가 식빵 위에 잼을 덜어준다.

③ 잼 바르는 칼을 이용하여 식빵 위에 놓인 잼을 바른다.

■ 칼로 잼을 넓게 펴 발라 주세요.

④ 재료를 이용하여 얼굴을 꾸민다.

■ 이제 얼굴을 꾸며 봅시다.

■ 코는 무엇으로 꾸미고 싶나요? 어떤 모양으로 꾸밀까요?

■ 입은 식빵 어디에 놓고 싶나요?

○ 완성된 식빵 얼굴 콜라주에 대해 이야기를 나눈다.

■ 눈(코, 입, 귀)은 무엇으로 꾸몄나요?

■ 친구가 꾸민 얼굴을 살펴봅시다. 내가 꾸민 얼굴과 어떻게 다르나요?

■ 식빵 얼굴 콜라주를 한 번 더 한다면 어떤 얼굴을 만들고 싶나요?

○ 식빵 얼굴 콜라주를 완성한 후 간식을 먹기 위해 다시 한번 손을 씻는다.

○ 간식차에서 컵을 가져와서 요리한 얼굴 모양 식빵을 우유와 함께 간식으로 먹는다.

○ 간식을 먹은 그릇과 주변 자리를 정리한다.

식빵 얼굴 콜라주 만들기

'식빵 얼굴 콜라주' 완성 작품

유의점

■ 재료를 탐색하고 요리할 때, 청결을 유지하도록 한다.

■ 잼 바르는 칼을 처음 사용하는 것이므로 유아들에게 올바른 사용방법에 따라 안전하게 사용하도록 지도 · 감독한다.

관련활동

■ 이야기나누기 '나의 몸' (42쪽 참고)

■ 과학 '나의 얼굴 관찰하기' (69쪽 참고)

■ 수학 · 조작 영역 '얼굴 꾸미기' (71쪽 참고)

■ 언어 영역 '식빵 얼굴 콜라주 책' (76쪽 참고)

■ 과학 영역 '표정 짓기' (70쪽 참고)

활동 8

식빵 얼굴 콜라주 책

집단형태

자유선택활동

활동유형

언어 영역

활동자료

유아들이 만든 식빵 얼굴 콜라주 책 TIP

식빵 얼굴 콜라주 책

TIP 누가 만든 작품인지 알 수 있도록 유아들의 작품 옆에 얼굴 사진을 붙여 준다.

활동목표

- 친구의 작품을 감상하는 태도를 기른다.

활동방법

○ 식빵 콜라주 작품을 찍어서 만든 책을 소개한다.

- ○○○반 어린이들이 만든 식빵 얼굴을 사진으로 찍어 만든 책이에요.
- 친구들이 만든 식빵 얼굴을 함께 살펴봅시다.

○ 식빵 얼굴 콜라주 책을 보면서 친구들이 만든 식빵 얼굴을 감상한다.

- 이것은 누가 만든 식빵 얼굴일까요?
- 눈(코, 입, 귀)은 무엇으로 만들었나요?
- 이 얼굴을 보니 어떤 생각이 드나요?
- 어떤 표정인 것 같나요?

관련활동

- 과학 '식빵 얼굴 콜라주' (74쪽 참고)

활동 9 생일 축하 놀이

활동목표

- 생일의 의미를 안다.
- 친구의 생일을 축하하는 방법을 안다.
- 자신의 역할을 이해하고 역할에 맞게 놀이하는 태도를 기른다.

활동방법

○ 역할 놀이 영역에 새로 나온 놀잇감(생일 케이크 모형, 생일 초)을 소개한다.
- 역할 놀이 영역에 새로운 놀잇감이 나왔어요. 이것은 무엇일까요?
    - 케이크
- 케이크를 먹어 본 적이 있나요? 언제 먹어 보았나요?
    - ○○의 생일에 먹어 보았다.
    - 음식점에서 먹어 보았다.
- 케이크로 생일 축하 놀이를 해 봅시다.

○ 유아들이 생일 축하 경험을 회상한다.
- ○○의 생일은 어떤 날인가요?
    - ○○가 태어난 날이다.
- 생일을 맞으면 가족, 친구들이 함께 기뻐하며 축하해 줘요.
- 생일을 어떻게 축하해 주었나요?
    - 생일 케이크와 맛있는 음식을 나누어 먹었다.
    - 생일 축하 노래를 불러 주었다.
    - 생일 선물을 주었다.

○ 생일 축하 놀이를 한다.
- 누구의 생일이라고 할까요?
- ○○○의 생일을 축하해 주기 위해 무엇을 준비할까요?
    - 상에 생일 케이크와 맛있는 음식을 차린다.
    - 생일 노래를 불러 준다.
    - 생일 선물을 준비한다.
- 역할 놀이 영역에서 ○○○의 생일 선물을 찾아봅시다.
    - 액세서리나 인형 등을 생일 선물로 준비한다.

○ 놀이가 끝나면 사용한 놀잇감을 제자리에 정리한다.

집단형태
자유선택활동

활동유형
역할 놀이 영역

활동자료
생일 케이크 모형, 생일 초

생일 축하 놀이하기

활동 10

자동차 놀이

집단형태

자유선택활동

활동유형

쌓기 놀이 영역

활동자료

유아들이 탈 수 있는 모형 자동차, 모형 주유기

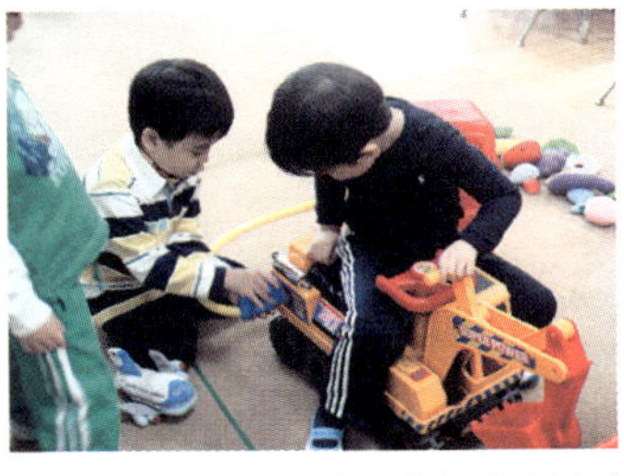

자동차에 기름 넣기

활동목표

- 자동차 놀이 시 지켜야 할 약속을 실천한다.
- 자신의 역할에 맞게 놀이하는 태도를 기른다.

활동방법

○ 모형 자동차를 타고 놀이하는 유아와 이야기 나눈다.

- 자동차를 타고 어디에 가고 있나요?
  - 집에 간다, 회사에 간다, 유치원에 간다

○ 자동차를 타고 교실 안을 다닐 때 주의해야 할 점에 대해 이야기한다.

- 자동차를 타고 가고 있는데 앞에 사람이 지나갈 때에는 어떻게 해야 할까요?
  - 자동차를 멈추고 사람이 다 지나가기를 기다린다.
- 쌓기 놀이 영역에서 친구들이 만든 것의 옆을 지나갈 때에는 어떻게 해야 할까요?
  - 친구들이 만든 것을 망가뜨리지 않도록 조심한다. 친구들이 만든 것이 부서질 경우 친구가 속상해할 것이다.
- 자동차를 타고 다니다가 교구장과 책상에 부딪히면 어떻게 될까요?
  - 교구장과 책상에 부딪히면 넘어지거나 다칠 수 있다.
- 부딪히지 않으려면 어떻게 해야 할까요?
  - 교구장과 책상에 부딪히지 않도록 조심해서 다닌다.
  - 교구장이나 책상, 친구들이 만든 것이 보이면 자동차의 속력을 낮춘다.
  - 앞을 잘 보고 자동차를 타고 다닌다.

○ 유아의 자동차 놀이를 주유소 놀이와 연결한다.

- 자동차가 점점 느려지고 있어요. 왜 그럴까요?
  - 기름이 없다.
- 기름이 떨어지면 어디를 가야 할까요?
- 주유소는 어디에 있나요? 주유소에 가서 기름을 넣어 봅시다.
- ○○의 자동차의 기름이 떨어졌는데 기름을 넣어 줄 사람 있나요?
- 기름은 어디에 넣어야 하나요? 얼마나 넣을까요?

○ 놀이가 끝나면 모형 자동차와 주유기를 정리한다.

4. 소중한 나

내가 좋아하는 것 / 블록으로 내가 좋아하는 것 만들기 / 내 얼굴 / 할 수 있죠 / 혼자서 겉옷 입기 / 혼자서 옷 입기 / 나 예쁘게 · 멋지게 꾸미기 / 다양한 재료로 옷 꾸미기 / 나를 따라 해 봐요 / 실종 예방 교육 / 낯선 사람 따라가지 않기 / 원통 넘어가기 / 모래놀이

활 동
1 내가 좋아하는 것

집단형태

소집단활동(약 5명)

활동유형

이야기나누기

활동목표

- 유치원에서 내가 좋아하는 것을 알고 소중히 여긴다.

활동방법

○ 유치원에서 '내가 좋아하는 물건'이 무엇인지 유아들이 한 명씩 번갈아 이야기한다.
- ○○○반에 있는 장난감 중에서 어떤 것을 좋아하나요?
- 왜 좋아하나요?
- 그중에서도 제일 좋아하는 것은 무엇인가요?

○ '내가 좋아하는 사람'에 대하여 이야기를 나눈다.
- 유치원에서 ○○○반 어린이들이 제일 좋아하는 사람은 누구인가요?
- 왜 그 친구(선생님)를 좋아하나요?

○ 좋아하는 것을 아끼기 위하여 어떤 태도를 가져야 하는지에 대해 이야기를 나눈다.
- 좋아하는 물건을 오래 사용하기 위해서는 어떻게 해야 할까요?
  - 올바른 방법으로 물건을 사용한다.
  - 부서지거나 고장나지 않도록 조심하며 사용한다.
  - 물건을 던지지 않는다.
- 좋아하는 사람을 위해서는 어떻게 할 수 있을까요?
  - "좋아해", "사랑해"라고 이야기하며 좋아하는 마음을 표현한다.
  - 친절한 말투를 사용한다.
  - 친절하게 행동한다.
  - 그 사람의 마음을 생각해 보고 양보 · 배려하는 마음을 갖는다.

활동 2 블록으로 내가 좋아하는 것 만들기

활동목표

- 소근육 조절 능력을 기른다.
- 내가 좋아하는 것을 다양한 방법으로 표현한다.

활동방법

○ 블록의 모양을 탐색한다.
- 여러 가지 모양의 블록이 있어요. 어떤 모양의 블록이 있는지 살펴봅시다.

○ 블록으로 만들 수 있는 구성물을 탐색한다.
- 네모 모양의 블록만 모아서 끼워 보세요. 어떤 모양이 되었나요?
- 바퀴가 달린 블록 위에 긴 네모 블록을 끼워 봅시다. 어떤 모양이 되었나요?

○ 블록을 이용하여 내가 좋아하는 것을 만든다.
- 블록으로 내가 좋아하는 것을 만들어 봅시다.
- △△는 무엇을 좋아하나요?
  - ○○○를 좋아한다.
- ○○○를 만들려면 어떤 모양의 블록이 필요한가요?
- ○○○를 만들기 위해 필요한 블록을 모아 보세요.

○ 완성된 구성물을 친구들에게 소개한다.
- 내가 만든 것을 친구들에게 소개해 봅시다. △△는 무엇을 만든 것인가요?
  - ○○○을 만들었다.
- △△가 만든 것을 보니 어떤 생각이 들었나요? △△처럼 ○○○를 만든 사람이 있나요?

○ 교실에 완성된 구성물을 전시하는 공간을 마련한다. 이때 교사는 유아의 이름과 사진, 표시 그림 및 구성물의 제목을 적은 것을 출력하여 구성물 옆에 붙여 준다.

집단형태
자유선택활동

활동유형
쌓기 놀이 영역

활동자료
끼우기 블록(예 : 코코 블록, 꽃 블록 등)

코코 블록

코코 블록으로 구성물 만들기

활동 3

내 얼굴

집단형태

대집단활동

활동유형

노래

활동자료

사과 · 오이 · 호박 모형

'내 얼굴' 활동자료

활동목표

- 얼굴을 구성하는 각 부분의 명칭을 안다.
- 나와 다른 사람의 얼굴 모습이 다름을 안다.
- 나를 사랑하는 마음을 갖는다.

활동방법

○ 사과 막대 인형을 이용하여 유아들에게 이야기를 들려준다.

- ○○○반 어린이들, 내가 누군지 아나요?
  - 사과
- 그래요, 나는 사과예요. 내 얼굴이 어떻게 생겼나요?
  - 예쁘다.
  - 동그랗다.
  - 빨갛다.
- 얼굴이 동그랗고 참 예쁘지요? '(노래를 부르며) 눈도 반짝, 코도 반짝. 입은 어때요? '(노래를 부르며) 입도 반짝반짝'.
- ○○○반 어린이들 얼굴도 내 얼굴처럼 참 예쁘군요.

○ 교사가 노래를 들려준다.

○ 다 같이 노래를 불러 본다.

○ 오이 막대 인형을 이용하여 유아들에게 2절 노랫말을 소개한다.

- 나는 누구인지 아나요?
  - 오이
- 그래요, 나는 오이예요. 내 얼굴은 어떻게 생겼나요?
  - 길쭉하다.
  - 초록색이다.
- 맞아요. 사과는 동그랗지만 나는 얼굴이 길쭉해요.
- (노래를 부르며) 눈도 길쭉, 코도 길쭉. 입은 어때요?
  - 길쭉하다.

○ 다 같이 노래를 부른다.

○ 노랫말을 바꾸어 다 같이 노래를 불러 본다.

악 보

내 얼굴

작사 김방옥
외국곡

활 동

4 할 수 있죠

집단형태

대집단활동

활동유형

노래 · 이야기나누기

활동자료

손인형(남녀 유아, 엄마)

활동목표

- 나를 사랑하는 마음을 갖는다.
- 내가 스스로 할 수 있는 일을 알고 실천한다.

활동방법

○ 손인형을 이용하여 이야기를 들려준다.

- 엄마: 유리야, 이제 밥 먹을 시간이야. 무엇을 해야 할까?

  유리: 손을 씻어야 해요.

  엄마: 유리가 잘 알고 있구나. 그럼 화장실에 가서 혼자 손을 씻을 수 있겠니?

  유리: 네~ '(손인형으로 손을 씻는 흉내를 내며 노래를 부른다.) 손을 씻죠, 손을 씻죠, 나 혼자서 잘해요.'

  엄마: 유리가 혼자서도 잘하는구나. 이제 밥 먹자꾸나. 밥도 혼자 먹을 수 있지?

  유리: 네~ '(손인형으로 밥 먹는 흉내를 내며 노래를 부른다.) 밥을 먹죠, 밥을 먹죠, 나 혼자서 잘해요.'

  엄마: 유리는 혼자서도 잘하는구나. 이제 밥을 다 먹었는데 무엇을 해야 할까?

  유리: 치카치카, 이를 닦아야죠. 이도 혼자 닦을 수 있어요. '(손인형으로 양치하는 흉내를 내며 노래를 부른다.) 이를 닦죠, 이를 닦죠, 나 혼자서 잘해요'

  엄마: 우리 유리는 뭐든지 혼자서 잘하는구나.

  유리: 네~ '(노래를 부르며) 할 수 있죠, 할 수 있죠, 나 혼자서 잘해요.'

○ 유아들이 혼자 할 수 있는 일에 대해 이야기 나눈다.

- ○○○반 어린이들이 혼자서 잘할 수 있는 것은 무엇일까요?
  - 혼자서 옷을 입을 수 있다.
  - 혼자서 잠을 잘 수 있다.
  - 놀이하던 것을 혼자서 정리할 수 있다.
- ○○○반 어린이들도 유리처럼 혼자서 할 수 있는 것이 많구나.

○ 교사가 노래를 들려준다.

- 혼자서 할 수 있는 것이 많은 ○○○반 어린이들에게 노래를 불러 줄게요.

○ 다 같이 노래를 부른다.

관련활동

- 사회 '혼자서 겉옷 입기' (86쪽 참고)
- 사회 '혼자서 옷 입기' (88쪽 참고)

악 보

할 수 있죠

작사 · 곡 김진영

활 동 5

혼자서 겉옷 입기

집단형태

소집단활동(약 5명)

활동유형

사회

활동자료

각 유아의 겉옷

TIP 소집단 구성 시 개인장이 인접한 유아들끼리 한 집단이 될 수 있도록 한다.

개인장의 옷걸이 살펴보기

활동목표

- 겉옷을 입고 벗는 방법을 안다.
- 겉옷을 바르게 정리하는 습관을 기른다.

활동방법

○ 겉옷이 걸린 개인장 앞에 소집단으로 모여 앉는다. TIP
- 장 옷걸이에 무엇이 걸려 있나요?

○ 겉옷을 입는 방법을 소개한다.
- 혼자서 겉옷을 입을 수 있나요?
- 선생님이 겉옷을 쉽게 입을 수 있는 방법을 알려줄 거예요.
    - 옷의 안쪽이 보이도록 바닥에 내려놓고 모자나 목 부분이 자기 몸 쪽으로 오도록 펴 놓는다.

모자가 있는 쪽이 몸 쪽으로 오도록 놓기

- 두 팔을 소매에 넣는다.

두 팔 소매에 넣기

• 소매를 넣은 채 팔을 위로 들어 올렸다 뒤쪽으로 돌리며 입는다.

소매를 넣고 팔을 위로 들어 올렸다 뒤쪽으로 돌리며 입기

○ 유아들이 한 명씩 겉옷을 가지고 와서 위에 제시된 방법에 따라 옷을 입어 본다.

○ 겉옷을 벗는 방법을 소개한다.

- 혼자서 겉옷을 벗을 수 있나요?
- 선생님이 겉옷을 벗는 방법을 알려줄 거예요.
  - 한 손으로 다른 한쪽의 소매 끝을 잡는다.
  - 잡은 소매에서 팔을 뺀다.
  - 반대 팔도 같은 방법으로 옷을 벗는다.

○ 유아들이 한 명씩 입은 겉옷을 위에 제시된 방법에 따라 벗는다.

○ 겉옷을 정리하는 방법을 소개한다.

- 벗은 겉옷은 어디에 둘까요?
  - 개인장 옷걸이
- 선생님이 옷걸이에 옷을 거는 방법을 알려줄 거예요.
  - 옷에 고리가 있으면 고리를 옷걸이에 건다.
  - 고리가 없는 옷은 목 부분을 손으로 잡은 뒤 옷걸이에 건다.

○ 유아들이 한 명씩 벗은 겉옷을 개인장 옷걸이에 건다.

겉옷을 벗어 개인장 옷걸이에 걸기

유의점

- 유아들이 바르게 옷을 입고 벗는 방법을 익힐 수 있도록 연중 지속적으로 지도한다.

관련활동

- 노래 '할 수 있죠' (84쪽 참고)

활 동 6

혼자서 옷 입기

집단형태

소집단활동(약 5명)

활동유형

사회

활동자료

봉제 인형, 인형 옷(단추 달린 셔츠, 티셔츠, 바지, 치마), 옷 입기 그림 카드

활동목표

- 옷을 입고 벗는 방법을 안다.
- 혼자서 옷을 입고 벗는 습관을 기른다.
- 내가 할 수 있는 일에 자신감을 갖는다.

활동방법

○ 유치원에 오기 위해 하는 일에 대해 이야기 나눈다.

- 유치원에 오기 전에 어떤 일들을 하나요?
  - 양치질, 밥 먹기, 잠옷 벗기, 옷 입기
- 유치원에 오기 전에 했던 여러 가지 일들 중에서 스스로 했던 일은 무엇인가요?

○ 옷 입기 그림 카드를 순서대로 제시하며 어떤 내용인지 이야기를 나눈다.

- 유치원에 오기 위해 옷을 입으려고 해요. 혼자서 윗옷을 입고 있나요? 누가 나와서 윗옷을 입는 모습을 보여 줄 수 있나요?
- 선생님이 윗옷을 쉽게 입을 수 있는 방법을 알려줄게요.
  - 얼굴을 넣을 수 있는 구멍을 찾는다.
  - 구멍 안으로 얼굴을 집어넣는다.
  - 두 팔을 소매에 하나씩 넣는다.
- 윗옷을 입고 무엇을 입어야 할까요?
- 바지(치마)를 어떻게 입을까요?
  - 지퍼나 단추가 있는 쪽이 위를 향하도록 바지를 바르게 펼쳐 놓는다.
  - 바닥에 앉아서 바지의 한쪽 구멍에 다리를 하나씩 집어넣는다.
  - 바지에 단추(버클)가 있는 경우 단추(버클)를 채우고 지퍼를 올린다.

○ 유아들이 한 명씩 제시된 옷을 입는 방법에 따라 윗옷과 바지를 입는다. TIP

○ 유아들이 한 명씩 입었던 옷을 벗어 정리한다.

TIP 유아들이 옷을 입은 상태에서 입어 보는 것이기 때문에 크기가 넉넉한 것으로 준비한다.

유의점

- 유아들의 발달을 고려하여 활동의 수준을 조절한다.
- 단추나 지퍼가 없는 것, 지퍼가 있는 것, 단추가 있는 것 등 여러 종류의 옷 입는 방법을 고루 익힐 수 있도록 한다.

활동 7 나 예쁘게 · 멋지게 꾸미기

활동목표

- 다양한 소품을 활용하여 나를 꾸미는 방법을 안다.
- 나를 사랑하는 마음을 갖는다.

활동방법

○ 잔치에 초대받은 상황을 가정하고, 손님으로서 자신을 꾸미는 방법에 대해 이야기를 나눈다.

- 지금 어디에 가려고 하나요?
  - 잔치에 초대를 받아서 가려고 한다.
- 잔치에 어떤 옷을 입고 갈 것인가요?
- 나를 더욱 예쁘게 꾸미려면 무엇이 필요할까요?
  - 모자, 가방, 신발
  - 귀걸이, 목걸이, 반지 등의 액세서리

○ 여러 가지 의상과 액세서리, 화장품을 이용해 나를 예쁘게(멋지게) 꾸민다.

- 여러 가지 물건들로 나를 예쁘게(멋지게) 꾸며 보세요.
- 나의 모습이 어떻게 달라졌는지 거울 앞에 서서 살펴보세요.
- 달라진 나의 모습이 마음에 드나요?

○ 예쁘게(멋지게) 꾸민 모습으로 친구들과 함께 잔치에 간다.

○ 놀이가 끝나면 사용한 의상, 액세서리, 모자, 가방, 신발, 화장품 용기 등을 제자리에 정리한다.

집단형태

자유선택활동

활동유형

역할 놀이 영역

활동자료

역할 놀이 의상(예: 드레스, 한복, 양복 등), 액세서리(예: 귀걸이, 목걸이, 반지 등), 모자, 가방, 신발(예: 운동화, 구두, 실내화 등), 화장품 용기, 전신 안전거울

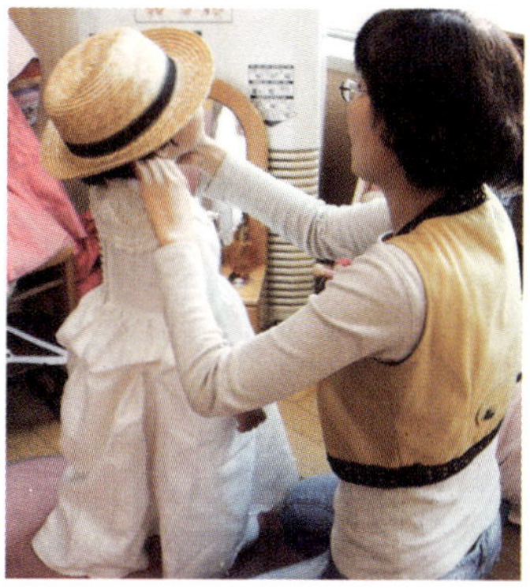

모자 쓰기

활동 8 다양한 재료로 옷 꾸미기

집단형태
자유선택활동

활동유형
조형 영역

활동유형
모조지 전지, 크레파스, 색연필, 털실, 포장지, 다양한 재질의 천 TIP, 무독성 접착제

TIP 헝겊, 부직포 등과 같은 다양한 재질의 천을 준비한다. 유아들이 사용하기 편리하도록 교사가 미리 천을 16절이나 32절 크기로 잘라 놓는다. 이때 핑킹가위나 일반 가위를 사용하여 다양한 모양으로 잘라 준비해 둔다.

몸의 윤곽선 따라 그리기

'다양한 재료로 옷 꾸미기' 완성 작품

활동목표

- 다양한 재료로 옷을 구성하며 심미감을 기른다.
- 친구들과 함께 조형작업을 하며 협동심을 기른다.

활동방법

○ 유아 한 명을 모조지 위에 눕게 한 후, 교사가 짙은 색의 크레파스로 윤곽선을 그려 준다.

- ○○○반 어린이와 키가 같은 어린이를 그리려고 해요.
- 무엇이 필요할까요?
  - 큰 종이, 크레파스, 색연필
- 어떻게 그릴 수 있을까요?
  - 한 명이 종이 위에 누우면 크레파스로 몸을 따라 그린다.
- 누가 종이 위에 누워 볼까요?
- ○○의 몸과 똑같은 모양이 되도록 따라 그릴 거예요. 선생님이 그리는 것을 잘 보세요.
- 함께해 보고 싶은 어린이들은 크레파스로 몸의 모양을 따라서 그려 봐요.

○ 윤곽선을 그린 종이에 접착제를 이용하여 포장지, 헝겊, 부직포를 붙이거나, 크레파스로 그림을 그려 꾸민다.

- 준비되어 있는 다양한 재료로 옷을 꾸며 봅시다.
- 머리카락은 어떻게 꾸밀 수 있을까요?
  - 헝겊을 잘라 붙인다.
  - 크레파스, 색연필로 머리카락을 그린다.
  - 털실을 붙인다.
- 얼굴은 어떻게 꾸밀 수 있을까요?
  - 크레파스, 색연필로 눈, 코, 입을 그린다.
  - 부직포를 잘라 붙여 입을 만든다.

○ 완성된 작품은 교실 벽면에 게시한다.

활동 9

나를 따라 해 봐요

활동목표

- 몸을 자유롭게 움직여 창의적인 동작을 표현한다.
- 특정 동작을 정확히 인식하고 표현한다.

활동방법

○ '선생님처럼 해 봐요.' 를 부르며 교사의 동작을 따라 해 본다. TIP 1

- 선생님이 움직이는 모습을 보고 따라 해 보세요.

○ 친구들에게 재미있는 몸동작을 보여 주고 싶은 유아가 앞에 나와 몸을 움직여 본다. 앞으로 나온 유아가 몸을 움직이면 앉아 있는 유아들이 따라 해 본다. TIP 2

- 선생님처럼 친구들 앞에 나와서 몸을 움직여 볼 사람이 있나요?
- ○○가 움직이는 것을 보고 따라 해 봅시다.

○ 율동과 노래 '나를 따라 해 봐요.' 를 소개한다.

- 오늘은 이렇게 친구의 동작을 따라 하는 율동을 할 거예요.
- 친구의 동작을 따라 할 때 노래도 함께 부를 거예요. 어떤 노래인지 잘 들어 보세요.

○ 교사가 '나를 따라 해 봐요.' 노래를 부른다.

○ 자리에서 모두 일어나 넓은 공간에 서서 노래에 맞추어 율동을 한다. TIP 3

- 누구를 먼저 따라 해 볼까요?
- ○○를 따라 몸을 움직여 보자. TIP 4
- ○○를 따라 몸을 움직이다가 '아이 참 재미있다' 를 부를 때에는 제자리에 서서 손뼉 치는 거예요.

친구의 동작 따라 움직이기

○ 다른 유아의 동작을 따라 율동을 한다.

집단형태

중집단활동(약 10명)

활동유형

율동

활동자료

피아노, 악보

TIP 1 교사는 유아들이 앉은 자리에서 따라 할 수 있는 동작을 시범 보인다.

TIP 2 유아가 친구들 앞에 나와 몸을 움직일 때 '○○를 따라 해 봐요. 이렇게' 노래를 불러 주어 노래에 자연스럽게 익숙해질 수 있도록 한다.

TIP 3 바닥에 자리 표시를 붙여 주면 유아들이 쉽게 자리 잡을 수 있다.

TIP 4 창의적이고 재미있는 몸동작을 해 볼 수 있도록 격려한다.

■ 이번에는 누구의 동작을 따라 해 볼까요?

악 보

나를 따라 해 봐요

외국곡

활동 10 실종 예방 교육

활동목표

- 부모님(보호자)을 잃어버리지 않기 위해 주의해야 할 점을 안다.
- 부모님(보호자)을 잃어버렸을 때 대처하는 방법을 안다.

활동방법

○ 교사가 유아들에게 실종이 된 상황을 가정하여 들려준 후 유아들이 생각하는 대처 방법에 대해 이야기를 나눈다.
- 엄마, 아빠와 마트에 갔다가 엄마, 아빠를 잃어버렸다면 어떻게 해야 할까요?

○ 실종아동전문기관 웹사이트에서 제공하는 동영상자료를 보면서 실종을 예방하기 위해 알아두어야 할 점에 대해 이야기를 나눈다.
- 부모님을 잃어버리지 않으려면 어떻게 해야 할까요?
  - 밖에 나갈 때에는 부모님과 함께 간다.
  - 사람이 많은 곳에서는 부모님 손을 꼭 잡고 다닌다.
  - 부모님의 이름(성함), 사는 곳, 전화번호를 기억해 둔다.
  - 부모님 허락 없이 어느 누구도 따라가지 않는다.
- 만약 밖에 나갔다가 부모님을 잃어버리면 어떻게 해야 할까요?
  - 부모님을 잃어버린 그 자리에서 기다린다. 부모님께서 다시 데리러 오실 수 있다.
  - 부모님의 이름(성함), 사는 곳, 전화번호를 생각해 본다.
  - 주변에 계시는 어른(예: 아이와 함께 있는 아주머니, 제복을 입은 분, 경찰아저씨 등)에게 도와달라고 부탁한다.

유의점

- 유아들이 실종 예방을 위한 지침을 충분히 익히고 생활화할 수 있도록 연중 정기적으로 실종 예방 교육을 실시한다.

관련활동

- 동화 '낯선 사람 따라가지 않기' (94쪽 참고)

집단형태

대집단활동

활동유형

이야기나누기

활동자료

실종아동전문기관 웹사이트에서 제공하는 동영상자료 TIP

TIP 실종아동전문기관(www.missingchild.or.kr) 홈페이지를 방문하면 실종 예방 교육에 도움이 되는 동영상, 노래, 애니메이션, 퀴즈 등 다양한 형태의 자료를 제공받을 수 있다.

활동 11

낯선 사람 따라가지 않기

집단형태

대집단활동

활동유형

동화 · 이야기나누기

활동자료

동화자료

활동목표

- 위험한 상황에서 나의 몸을 지키는 방법을 안다.

활동방법

○ 동화를 소개한다.

- 지현이라는 한 여자 어린이에게 일어났던 일을 들려줄 거예요. 지현이에게 어떤 일이 있었는지 잘 들어 보세요.

○ 동화를 듣는다.

○ 실종 및 유괴를 예방하기 위한 방법에 대하여 이야기한다.

- 놀이터에서 놀고 있는데 모르는 사람이 사탕이나 장난감을 주겠다며 같이 가자고 해요. 어떻게 해야 할까요?
  - 엄마, 아빠 허락 없이 모르는 사람이 주는 물건을 받지 않는다.
  - "싫어요. 안 돼요."라고 외치며 사람이 많은 곳으로 뛰어가서 도움을 요청한다.
- 모르는 사람이 차를 태워 주겠다고 했을 때 어떤 말을 해야 할까요?
  - "싫어요. 안 돼요."라고 외치며 사람이 많은 곳으로 뛰어가서 도움을 요청한다.
- 모르는 사람이 같이 가자고 할 때, 우리가 할 수 있는 말을 다 함께 말해 봅시다.
  - "싫어요, 안 돼요."
  - "나는 절대로 낯선 사람을 따라가지 않아요."
- 그러면 아는 사람이 같이 가자고 했을 때 무조건 따라가야 할까요?
  - 아는 사람이 같이 가자고 해도 부모님께 꼭 허락을 받아야 한다.

○ 실제로 이런 상황이 일어났을 때 따라가지 않을 것을 약속한다.

유의점

- 낯선 사람만이 유아를 유괴하는 것은 아니므로 친숙한 사람의 경우에도 사전에 약속하지 않은 경우에는 따라가지 않도록 지도한다. 잘 아는 사람이라도 무작정 따라가지 않고 부모님께 먼저 허락을 받는 습관을 가지도록 지도한다.

관련활동

- 이야기나누기 '실종 예방 교육' (93쪽 참고)

낯선 사람 따라가지 않기

이지현, 전우용

화창한 봄날이었어요. 지현이는 놀이터에서 친구들과 재미있게 놀이를 하고 있었어요. 그런데 지현이에게 어떤 아주머니께서 다가오셨어요.

아주머니 지현아, 안녕! 나는 엄마 친구란다.
지　　현 안녕하세요.
아주머니 엄마가 널 데리고 오라고 하더구나. 아줌마랑 맛있는 거 먹으면서 엄마한테 가자.

아주머니는 웃으시면서 지현이가 좋아하는 맛있는 과자를 건네 주셨어요.
지현이는 어떻게 했을까요? (유아들의 이야기를 듣는다.)

지현이는 맛있는 과자가 먹고 싶었지만 엄마의 말씀이 생각나서 아주머니에게 이렇게 이야기했어요.

지　　현 싫어요. 엄마가 모르는 사람은 따라가지 말라고 하셨어요.
아주머니 난 엄마 친구야. 네가 모르는 사람이 아니란다.
지　　현 하지만 엄마가 저에게 아무 말씀도 하지 않으셨어요. 싫어요. 안 돼요. 나는 안 따라 갈래요.

지현이는 이렇게 이야기하고 친구들이 있는 곳으로 달려갔어요. 지현이가 다시 친구들과 함께 재미있게 놀이를 하고 있는데, 엄마가 지현이를 데리러 오셨어요.

엄　　마 지현아, 이제 집에 가자. 재미있게 놀았니?
지　　현 네. 그런데 아까 엄마 친구를 만났어요.
엄　　마 엄마 친구?
지　　현 네, 엄마가 나를 데리고 오라고 하셨대요.
엄　　마 정말이니? 엄마는 부탁한 적 없는데. 그래서 지현이는 뭐라고 말했니?
지　　현 '싫어요' 라고 말했어요.
엄　　마 잘했어. 모르는 사람은 절대 따라가면 안 돼.

지현이는 엄마의 말씀을 다시 한번 생각하며 집으로 갔어요.

활 동

12 원통 넘어가기

집단형태

자유선택활동

활동유형

대근육 영역

활동자료

원통 기구(원기둥 모양 대근육 기구), 기구 받침대, 카펫

원통 기구

원통 넘어가기

활동목표

- 균형 감각과 팔의 근력을 기른다.
- 놀이시설을 안전하게 이용하는 방법을 안다.

활동방법

○ 교실 내 대근육 영역에 놓여진 원통 기구를 소개한다.

○ 원통 기구를 안전하게 건너가기 위한 약속을 정한다.

- 이 원통은 몇 명이 건널 수 있을까요?
  - 1명씩 건넌다.
- 원통의 양쪽 끝에서 두 사람이 동시에 출발하면 어떻게 될까요?
  - 중간에서 만나게 된다.
  - 원통을 건너갈 수 없다.
  - 서로 부딪혀서 원통에서 떨어질 수 있다.
- (손으로 가리키며) 여기에서 출발하는 거예요.
- 원통에 앉아서 건너가세요.
- 원통에 올라서면 안 돼요. 왜 그럴까요?
  - 원통에서 미끄러진다.
  - 원통에서 떨어져서 다칠 수 있다.
- 원통을 건넌 후에는 원통 옆에 서 있지 않아야 해요. 왜 그럴까요?
  - 다음에 건너는 친구와 부딪힐 수 있다.
- 줄을 서서 차례로 넘어가야 해요.

유의점

- 유아들이 원통 기구를 앉아서 건너가다가 균형을 잡지 못하고 떨어져도 다치지 않도록 카펫이나 매트를 깔아 두고 교사가 지도 · 감독한다.

활동 13

모래놀이

활동목표

- 모래놀이 영역에서 할 수 있는 놀이를 안다.
- 모래놀이 영역에서 지켜야 할 약속과 규칙을 지키며 놀이하는 태도를 기른다.

활동방법

○ 모래놀이 하기를 원하는 유아들이 모래놀이 영역에 모여 앉는다.

○ 모래놀이 영역을 소개한다.

- 이곳에서는 어떤 놀이를 할 수 있을까요?
  - 모래로 음식을 만든다.
  - 자동차 길을 만든다.
  - 두꺼비집을 만든다.

○ 모래놀이 영역에서 지켜야 할 약속과 규칙에 대해 이야기 나눈다.

- 모래놀이를 할 때 어떤 점을 조심해야 할까요?
  - 친구에게 모래를 던지지 않는다.
  - 삽으로 모래를 팔 때에는 앞뒤에 사람이 있는지 살펴본다.
  - 모래가 눈에 들어갔을 때에는 눈을 비비지 않고 선생님에게 바로 와서 이야기한다.
  - 놀이를 마친 후 모래놀이 용구를 제자리에 정리한다.

○ 모래놀이 영역에서 할 수 있는 놀이를 제안하고 필요한 도구를 준비한다.

- 주먹밥을 만들어 볼까요?
- 주먹밥을 만들려면 무엇이 필요할까요?
  - 그릇, 물, 모래, 삽
- 그릇과 삽은 어디에 있을까요?
  - 모래놀이 용구 바구니에 여러 가지 모양의 그릇과 삽이 있다.

○ 모래로 주먹밥을 만든다.

- 어떻게 만들 수 있을까요?
- 삽으로 모래를 파서 그릇에 담아 보세요.
- 그릇에서 모래를 꺼내어 뭉쳐서 주먹밥을 만들어 봅시다. 잘 뭉쳐지나요?
- 어떻게 하면 잘 뭉쳐질까요?

집단형태

자유선택활동 · 소집단활동 (약 5명)

활동유형

실외 영역 · 이야기나누기

활동자료

모래놀이 용구(예: 모형 삽, 다양한 모양의 찍기 틀, 구멍 크기가 다른 여러 가지 체 등), 양동이, 물

• 물을 부어 섞는다.

■ 마당에 떨어진 나뭇잎, 꽃잎으로 주먹밥을 장식해 볼까요?

■ 또 무엇을 만들어 볼까요?

모래로 음식 만들기

○ 놀이가 끝난 후 놀잇감을 정리한다.

■ 놀이가 끝난 다음에는 어떻게 해야 할까요?

• 모래놀이 용구 바구니에 정리한다.

○ 모래놀이를 하고 난 느낌을 자유롭게 이야기하며 평가 시간을 갖는다.

■ 모래놀이를 해 보니까 기분이 어땠나요?

■ 무엇이 재미있었나요?

■ 모래를 만져 보니 어떤 느낌이 들었나요?

■ 모래로 무엇을 만들면서 놀이를 했나요?

관련활동

■ 실외 영역 '발자국 찍기' (55쪽 참고)

부 록

1. 주간교육계획안

만 3세 ○○○ 반 주간교육계획안 20 ○○ 학년도 ○ 월 ○ 주	생활주제	즐거운 유치원 나	주 제	유치원에서의 안전한 생활 나의 몸
목 표	유치원의 시설 및 교구를 안전하고 바르게 사용한다. / 몸 각 부분의 역할을 안다.			

활동	요일/날짜	월(○일)	화(○일)	수(○일)	목(○일)	금(○일)	평가
자유선택활동	쌓기 놀이 영역	• 블록 높이 쌓기 • 차도 만들기 • 블록 끼우기 →					
	역할 놀이 영역	• 사진 찍기 • 음식 만들어 손님 초대하기 →					
	언어 영역	• '즐거운 유치원', '나' 생활주제 관련 그림책 보기 →					
	수학 · 조작 영역	• '즐거운 유치원', '나' 생활주제 관련 조작 교구하기(오뚝이 퍼즐하기, 표시 그림 붙이기, 얼굴 구성하기) →					
	과학 영역	• 만화경 보기 • 냄새 맡기 →					
	조형 영역	• 상자 구성하기 →		• 손바닥 찍기 →		• 빨대 자르기 →	
	음률 영역	• 여러 가지 악기 연주하기(캐스터네츠, 탬버린, 막대 탬버린, 실로폰) • 악기 소리 맞추어 손뼉 치기 →					
	실외 영역	• 마당 : 만 3세용 놀이터 및 모래놀이터에서 놀이하기 / 토끼 관찰하기 • 발자국 찍기 →					
대 · 소집단활동	이야기나누기		• 나의 몸		• 이 닦기	• 도시락 먹기(소, 3집단)	
	동화 · 동극 · 동시		• 내 얼굴엔 내 코가 어울려(그림)		• 임금님의 호주머니(융판)		
	음 악	• 꼭꼭 약속해(새 노래)	• 손을 씻어요	• 한 몸(새 노래)	• 자전거	• 모두 제자리	
	율 동						
	체 육			• 신체 마주 대기(반집단)			
	게 임	• 오뚝이 공 맞추기(소, 3집단)					
	수 학					• 키 재기(소, 4집단)	
	과 학			• 나의 얼굴 관찰하기(소, 5집단)	• 치아 모형으로 칫솔질하기		
	사 회	• 선생님께 바르게 인사하기	• 혼자서 신발 신기				
	바깥놀이	• 바르게 줄 서기	• '높이 뛰세요' 율동하기				
	간 식	• 찐 감자 1/2, 우유	• 바람떡 2, 우유	• 방울유과 3, 우유	• 찐 고구마 1/2, 우유	• 바나나 1/2, 배 1, 주스	
	전이 · 주의집중	• 하나하고 하나하면(손유희)	• 머리 어깨 무릎 발	• 우드 블록 친 수 세기	• 배운 노래 부르기	• 달라진 그림 찾기	
	귀가지도	• 폐품, 동물 먹이 가져온 유아 소개하기	• 놀이할 때 안전한 복장 이야기하기	• 하루 일과 평가하기	• 내일은 도시락을 먹는 날임	• 주말 지낼 이야기하기	
비 고					※구강검진	※도시락 지도	
총 평							

만 3세 ○○○ 반 주간교육계획안 20○○ 학년도 ○ 월 ○ 주	생활주제	나	주 제	나의 몸 나의 마음
목 표	몸 각 부분의 역할을 안다. / 나는 여러 가지 감정이 있음을 안다. / 나의 감정을 표현하는 방법을 안다.			

활동	요일/날짜	월(○일)	화(○일)	수(○일)	목(○일)	금(○일)	평 가
자유선택활동	쌓기 놀이 영역	• 블록 끼우기 • 자동차 놀이 →					
	역할 놀이 영역	• 생일 축하 놀이 • 나 예쁘게 · 멋지게 꾸미기 →					
	언어 영역	• '나' 생활주제 관련 그림책 보기 →					
	수학 · 조작 영역	• '나' 생활주제 관련 조작 교구하기(1에서 5까지 숫자대로 나열하기, 옷 입히기, 같은 표정 얼굴 찾기) →					
	과학 영역	• 냄새 맡기 • 교실에 있는 화분에 물 주기 →					
	조형 영역	• 빨대 자르기 →	• 종이컵에 모양 색종이 붙여 구성하기 →		• 얼굴 표정 종이판화 →		
	음률 영역	• 악기 탐색 및 악기 연주하기(캐스터네츠, 탬버린, 막대 탬버린, 실로폰) →					
	실외 영역	• 마당: 만 3세용 놀이터 및 모래놀이터에서 놀이하기 / 토끼 관찰하기 • 자전거 타기 →					
대·소집단활동	이야기나누기	• 그림책 빌리기(소, 3집단)			• 즐거운 일, 속상한 일(소, 3집단)		
	동화 · 동극 · 동시	• 웃는 얼굴 예쁜 얼굴(융판)		• 쥐일이의 기분 나쁜 날(그림)		• 헌 모자, 새 모자(반입체)	
	음 악	• 눈은 어디 있나	• 악기(새 노래)	• 손을 씻어요	• 졸려 졸려(새 노래)	• 한 몸	
	율 동						
	체 육					• 걷기(반집단)	
	게 임		• 같은 소리를 찾아 주세요(반집단)				
	수 학	• 빌려갈 수 있는 그림책 세어 보기					
	과 학			• 요리 '식빵 얼굴 콜라주' (소, 3집단)			
	사 회					• 선생님께 바르게 인사하기	
	바깥놀이	• 모래놀이하기		• 마당의 달라진 모습 관찰하기	• 마당 2바퀴 달리기		
	간 식	• 수프, 모닝빵 1	• 색편 2, 우유	• 떡볶이, 우유	• 유기농시리얼, 우유	• 약과, 매실차	
	전이 · 주의집중	• 얼굴 표정 자리 바꾸기	• 악기 소리 듣고 알아맞히기	• 배운 노래 부르기	• 다양한 얼굴 표정 지어 보기	• 모자 속의 물건 찾기	
	귀가지도	• 그림책 빌린 것 가져가기	• 안전한 놀이장소 이야기하기 – 차가 있는 곳에서 놀지 않기	• 안전한 곳으로 다니기(차도 주의하기, 위험한 장소에서 놀지 않기)	• 도시락 싸오기	• 음식물 섭취 시 지켜야 할 약속 • 주말 지낼 이야기하기	
비 고		※그림책 대여 프로그램 시작			※그림책 반납일	※도시락 지도	
총 평							

2. 일일교육계획안

담임	원감	원장

학급명	○○○반 (만 3세)	날 짜	20○○년 ○월 ○일 ○요일	수업일수	○○/○○○일
생활주제	나	주 제	나의 마음 건강과 안전	소주제	나의 감정 알고 표현하기 바른 식생활하기
목 표	나는 여러 가지 감정이 있음을 안다. / 나의 감정을 표현하는 방법을 안다. / 몸에 필요한 음식을 골고루 먹는다.				
일일 시간표	9:00 ~ 등원 및 실내자유선택활동 9:30 ~ A, B: 실내자유선택활동 C: 요리 및 간식 '식빵 얼굴 콜라주' 9:50 ~ B, C: 실내자유선택활동 A: 요리 및 간식 '식빵 얼굴 콜라주' 10:10 ~ C, A: 실내자유선택활동 B: 요리 및 간식 '식빵 얼굴 콜라주' 10:30 ~ 정리정돈 10:45 ~ 실외자유선택활동 11:30 ~ 정리정돈 11:40 ~ 동화 '쥐일이의 기분 나쁜 날' 11:55 ~ 귀가지도				

시간 / 활동명	활동목표	활동내용	준비물 및 유의점	평 가
9:00 ~ 등원 및 실내자유 선택활동	• 선생님께 바르게 인사한다.	• 등원 및 인사 나누기 - 출석 표시판에 표시하기	• 이름표(이름표판, 이름표)	
	• 다양한 재료를 활용해 창의적으로 작품을 만든다.	• 실내자유선택활동 하기 [조형] 종이컵에 모양 색종이 붙여 구성하기 - 모양 색종이 탐색하기 - 풀을 이용해 종이컵에 모양 색종이 붙이기	• 조형 : 종이컵, 다양한 모양 색종이, 풀	
	• 블록을 이용해 다양한 모양의 구성물을 만든다.	[쌓기] 블록 끼우기 - 블록의 모양 탐색하기 - 여러 가지 모양으로 블록 끼우기	• 쌓기 : 코코 블록	
	• 친구의 생일을 축하는 방법을 안다.	[역할] 생일 축하 놀이 - 음식 만들어서 생일상 차리기	• 역할 : 모형 생일케이크, 모형 생일 초, 음식 모형, 여러 가지	

시간 / 활동명	활 동 목 표	활 동 내 용	준비물 및 유의점	평 가
		- 친구의 생일 축하하는 놀이하기	액세서리, 인형 등	
	• 책 보는 것을 즐기고 책을 소중히 여긴다.	[언어] '나' 생활주제 관련 그림책 보기 - '좋아요 좋아', '스팟의 생일 축하합니다.' 그림책 보기		
	• 상황과 감정에 따라 얼굴 표정이 달라짐을 안다.	[수학 · 조작] 같은 표정 얼굴 찾기 - 여러 가지 얼굴 표정 살펴보기 - 같은 표정의 얼굴끼리 짝짓기	• 수학 · 조작 : 얼굴 표정 그림	
	• 친숙한 식물의 변화에 관심을 가진다.	[과학] 교실 화분에 물 주기 - 교실에 있는 화분의 식물 관찰하기 - 화분에 물 주기	• 과학 : 화분, 물조리개	
	• 여러 가지 악기를 탐색하고, 즐겁게 연주한다.	[음률] 악기 소리 탐색하기, 악기 연주하기 - 여러 가지 악기의 소리를 들어 보기 / 연주하기	• 음률 : 캐스터네츠, 막대 탬버린, 마라카스, 실로폰 등	
	• 올바른 기본 생활습관을 형성한다.	• 기본 생활습관 - 바르게 인사하기, 실내에서 걸어 다니기, 정리정돈 잘하기		
9:30~ A, B : 실내자유선택 활동 C: 요리 및 간식 '식빵 얼굴 콜라주'	• 나의 얼굴에 있는 각 기관의 생김새와 특징을 안다. • 다양한 재료를 활용하여 얼굴을 구성한다. • 요리에 필요한 도구들을 안전하게 사용한다. • 음식을 골고루 먹는다.	◎ A, B : 실내자유선택활동 C : 요리 및 간식 '식빵 얼굴 콜라주' • 자리정돈 및 주의집중: 배운 노래 부르기 • 얼굴에 있는 기관에 대하여 이야기하기 - 우리 얼굴에서 제일 위에는 무엇이 있나요?(눈) - 눈의 모양은 어떤가요?(길쭉한 눈, 동그란 눈, 올라간 눈, 내려간 눈 등 유아들의 얼굴을 보며 이야기나누기) - 코, 입, 귀, 머리카락 등 각 기관에 대하여 이야기나누기 • 활동 소개하기 - 식빵을 이용하여 요리할 것임 - 요리를 다 한 후에는 간식으로 우유와 함께 먹을 것임 • 요리 재료 탐색하기 - 식빵, 오이, 당근, 방울토마토, 딸기 등의 촉감, 냄새, 색 탐색하기 • 요리 방법 이야기하기 - 선생님이 식빵을 한 장씩 나누어 줄 것임 - 식빵이 얼굴이라고 생각해 보자. - 아직 눈, 코, 입이 달려있지 않음 - 여러 가지 재료로 식빵을 내 얼굴처럼 꾸며 보기	• 식빵 유아당 1장, 밀크잼, 오이 · 당근 길게 자른 것, 방울토마토 반으로 자른 것, 바나나 · 딸기 얇게 자른 것, 잼 바르는 칼 10개, 요리복 10개, 요리보	

시간 / 활동명	활 동 목 표	활 동 내 용	준비물 및 유의점	평 가
		• 요리하기 ① 식빵을 한 장씩 나누어 가진다. ② 잼을 식빵에 골고루 바른다. ③ 준비된 과일을 식빵 위에 올려서 얼굴을 만든다. • 손 씻기 • 간식 먹기 - 요리한 얼굴 모양 식빵을 우유와 함께 간식으로 먹기		
9:50 ~ B, C: 실내자유선택활동 A: 요리 및 간식 '식빵 얼굴 콜라주'		◎ B, C: 실내자유선택활동 A : 요리 및 간식 '식빵 얼굴 콜라주'		
10:10 ~ C, A: 실내자유선택활동 B: 요리 및 간식 '식빵 얼굴 콜라주'		◎ C, A: 실내자유선택활동 B : 요리 및 간식 '식빵 얼굴 콜라주'		
10:30~ 정리정돈	• 자기가 가지고 놀던 놀잇감을 정리하는 태도를 기른다.	• 놀잇감 제자리에 정리하기 • 자기가 놀았던 곳부터 정리하기 • 친구의 정리 도와주기		
10:45~ 실외자유선택활동	• 놀이기구를 바르게 사용한다. • 안전하게 놀이한다.	• 마당에 나가기 전에 화장실 다녀오기 • 겉옷 입고 마당 나갈 준비하기 • 마당의 달라진 모습 살펴보기 • 마당의 놀잇감 살펴보기 • 약속을 지키며 안전하게 놀이하기 • 토끼에게 먹이 주기	• 탬버린, 물휴지, 구급약품	
11:30~ 정리정돈	• 자기가 가지고 놀던 놀잇감을 정리하는 태도를 기른다.	• 놀잇감 제자리에 정리하기 • 자기가 놀았던 곳부터 정리하기 • 친구의 정리 도와주기		
11:40~ 동화 '쥐일이의 기분 나쁜 날'	• 문학 작품 듣기를 즐긴다. • 동화를 바른 태도로 앉아 듣는다.	◎ 동화 '쥐일이의 기분 나쁜 날' • 자리정돈 및 주의집중: 없어진 물건 찾기 • 상호작용하며 동화 듣기 • 회상하기	• 동화자료	

시간 / 활동명	활 동 목 표	활 동 내 용	준비물 및 유의점	평 가
11:55~ 귀가지도		• 하루 일과 평가하기 • 안전한 곳으로 다니기 - 차도 주의하기 - 위험한 장소에서 놀이하지 않기 • 내일은 그림책 반납일임 • 선생님께 인사드리고 집으로 가기		
비 고				
총 평				

참고문헌

김진영(2009). 김진영 동요집. 교문사.

오토모 야스오미(1991). 아가용 깐돌이 1권-웃는 얼굴 예쁜 얼굴. 지경사.

이기숙 · 김희진 · 이경미 · 이순영(1998). 유아를 위한 소비자교육 프로그램. 양서원.

이은화 · 김순세(1973). 어린이 춤곡. 형설출판사.

이화여자대학교 사범대학 부속이화유치원(1970). 노래동산.

이화여자대학교 사범대학 부속이화유치원(1987). 유아를 위한 즐거운 놀이.

이화여자대학교 사범대학 부속이화유치원(1992). 3, 4, 5세 어린이를 위한 유치원 교육과정 운영의 실제, ② 나. 교문사.

실종아동전문기관(2007). 보건복지부위탁 실종아동전문기관. www.missingchild.or.kr

저자소개

홍용희 이화여자대학교 사범대학 부속이화유치원 원장
이화여자대학교 사범대학 유아교육과 교수

오지영 이화여자대학교 사범대학 부속이화유치원 원감

김혜전 전 이화여자대학교 사범대학 부속이화유치원 교사

이지현 전 이화여자대학교 사범대학 부속이화유치원 교사

임예지 현 이화여자대학교 사범대학 부속이화유치원 교사

장현진 전 이화여자대학교 사범대학 부속이화유치원 교사

이화유치원
교육과정 운영의 실제
만 3세 ❷ 나

2011년 12월 19일 초판 인쇄
2011년 12월 26일 초판 발행

지은이 이화여자대학교 사범대학 부속이화유치원
펴낸이 류제동
펴낸곳 (주)교문사

책임편집 송은미
본문디자인 아트미디어
표지디자인 이수미
제작 김선형
영업 정용섭·이진석·송기윤

출력 아트미디어
인쇄 동화인쇄
제본 한진제본

우편번호 413-756
주소 경기도 파주시 교하읍 문발리 출판문화정보산업단지 536-2
전화 031-955-6111(代)
팩스 031-955-0955
등록 1960. 10. 28. 제406-2006-000035호

홈페이지 www.kyomunsa.co.kr
E-mail webmaster@kyomunsa.co.kr
ISBN 978-89-363-1145-2 (93370)
ISBN 978-89-363-1141-4 (93370) 전 36권

값 14,000원